Catequesis de Orientación Catecumenal NIÑOS

AF274073

Nivel 3

Los autores

José Antonio Abad

Ha dirigido muchos años el Catecumenado Diocesano de Burgos. Es autor de diversos libros de liturgia y de artículos sobre el catecumenado y director del Diccionario del *Agente de Pastoral Litúrgica*. Ha dedicado su vida a la docencia de la Liturgia y de la Eucaristía en la Facultad de Teología del Norte de España, sede de Burgos.

Pedro de la Herrán

Es doctor en Filosofía y licenciado en Derecho Civil. Fue el iniciador del Departamento de Pedagogía Religiosa de la Facultad de Teología de la Universidad de Navarra. Es autor de numerosos textos de enseñanza religiosa escolar y de catequesis.

Colaboradores

Gloria Galán

"Hemos redescubierto que en la catequesis tiene un rol fundamental el primer anuncio o «kerygma», que debe ocupar el centro de la actividad evangelizadora"
(Papa Francisco EG n. 164)

"El modelo de toda la iniciación cristiana es el catecumenado de adultos. Por tanto, la iniciación cristiana de los niños ha de hacerse según este esquema de ideas y modelos: etapas, ritos, procesos"
(Mons. José Rico Pavés. Obispo de Jerez de la Frontera)

"El catecumenado también puede inspirar la catequesis de aquellos que, a pesar de haber ya recibido el don de la gracia bautismal, no disfrutan efectivamente de su riqueza. Estas personas pueden ser llamadas cuasi catecúmenos: cf. CT 44"
(Nuevo Directorio para la Catequesis, n. 61. III-2020)

"La catequesis familiar debe preceder, acompañar y enriquecer cualquier otra forma de catequesis"
(Juan Pablo II, CT, 68)

Nihil obstat
Arzobispado de Burgos · 12 de enero de 2021 · Ildefonso Asenjo Quintana

Catequesis de Orientación Catecumenal de Niños · Nivel 3
© José Antonio Abad, Pedro de la Herrán, Gloria Galán 2021
© Ediciones Palabra, S.A., 2025
Ronda del Caballero de la Mancha, 59 – 28034 Madrid
Telf.: (34) 91 350 77 20 – (34) 91 350 77 39
www.palabra.es
palabra@palabra.es
ISBN: 978-84-1368-488-8
Depósito legal: M-19.275-2025
Diseño y maquetación: Pablo Larrocha // *Fotografías y recursos:* Shutterstock.es · Freepik.com
Impreso en España-Printed in Spain

www.edicionesdya.com

En las últimas décadas, tras el Concilio Vaticano II, han proliferado los instrumentos al servicio de la catequesis. Junto a los catecismos han aparecido guías, materiales complementarios, recursos catequéticos, etc., orientados cada vez con más precisión al desarrollo de la acción catequética. Bien sabemos que los libros solos "no hacen la catequesis", pero pueden ser una gran ayuda. La obra que aquí se presenta, con el título "Catequesis de orientación catecumenal", responde muy bien a las exigencias del momento presente en la transmisión de la fe: puede ser utilizada en el ámbito de la familia, de la parroquia, de la escuela o de los movimientos eclesiales; tiene en cuenta la actual situación de secularización y da prioridad al testimonio evangelizador; ofrece un planteamiento catecumenal de la iniciación cristiana con un programa que mira al itinerario completo para llegar a ser cristianos y no a la sola recepción de un sacramento; y, algo muy importante, no suplanta el catecismo oficial de la Conferencia Episcopal Española "Jesús es el Señor", sino que remite a su enseñanza ayudando a poner en ejercicio las cuatro dimensiones que deben estar siempre presentes en la catequesis (confesión de la fe, celebración, compromiso y oración).

Por todo ello, felicito de corazón a los autores don Pedro de la Herrán y don José Antonio Abad, veteranos expertos en las tareas catequéticas, y a los demás miembros del equipo de redacción.

+ José Rico Pavés
Obispo de Jerez de la Frontera.
Presidente de la Comisión Episcopal para la Evangelización,
la Catequesis y el Catecumenado de la CEE.

Índice

NIVEL 1

Este nivel es una síntesis muy elemental del Símbolo de la Fe o Credo.

1. El mundo que ha hecho Dios (por Amor) — *Compendio del CEE nn. 51-59*
2. Dios me ha regalado la vida (por Amor) — *Compendio del CEE nn. 66-72*
3. Los hombres se alejaron de Dios (el pecado original) — *Compendio del CEE nn. 73-78*
4. Y María dijo "sí" a Dios (el Avemaría) — *Compendio del CEE nn. 85-100*
5. Jesús nace en Belén (la Navidad) — *Compendio del CEE nn. 81-87*
6. Jesús Niño en Nazaret (la Sagrada Familia) — *Compendio del CEE nn. 103-104*
7. El Bautismo de Jesús (la Buena Noticia) — *Compendio del CEE nn. 105-108*
8. Jesús nos enseña a rezar (el Padrenuestro) — *Compendio del CEE nn. 578-586*
9. Jesús nos enseña a amar (y a compartir) — *Compendio del CEE nn. 386-388*
10. Jesús se queda con nosotros (presencia real) — *Compendio del CEE nn. 120*
11. Muerte y Resurrección de Jesús (el Día del Señor) — *Compendio del CEE nn. 118-131*
12. La Ascensión y el Espíritu Santo (y venida del Espíritu Santo) — *Compendio del CEE nn. 132 y 136*

NIVEL 2

PRIMERA PARTE DEL CREDO APOSTÓLICO: *"Creo en Dios, Padre todopoderoso... Creo en Jesucristo, su único Hijo...; nació de Santa María Virgen",* con algunos complementos.

1. **Dios, creador del mundo y del hombre** — *Compendio del CEE, nn. 50-59*
2. **Adán y Eva.** *Tentación, pecado y promesa de un Salvador* — *Compendio nn. 66, 67, 70-78*
3. **El arcángel Gabriel.** *Anuncia a María la venida del Salvador* — *Compendio nn. 81, 85, 86*
4. **La Virgen María.** *La mujer que Dios hizo Madre suya* — *Compendio nn. 94-100*
5. **José, de la casa de David.** *El elegido por Dios para cuidar de su Hijo y de su madre* — *Compendio nn. 98, 104*
6. **Jesús, el Salvador.** *Nacido en Belén de Judá* — *Compendio nn. 82, 83, 85*
7. **Herodes.** *El perseguidor del Rey de Israel, que hizo de Jesús el primer emigrante cristiano* — *Compendio nn. 103*
8. **El amigo de infancia de Jesús.** *Y que narra su vida oculta* — *Compendio nn. 104*
9. **Juan Bautista.** *Bautizó a Jesús, escucha la voz del Padre y ve descender sobre Él al Espíritu Santo* — *Compendio nn. 105*
10. **Los novios de Caná.** *Testigos del milagro por la intercesión de María* — *Compendio nn. 337, 338*
11. **Llevan un paralítico a Jesús.** *Y Él perdonó sus pecados y le curó* — *Compendio nn. 297, 298, 303-306*
12. **El vecino de Betsaida.** *Escuchó a Jesús el Sermón de la montaña* — *Compendio nn. 358-362, 428, 578. 579*

NIVEL 3

SEGUNDA PARTE DEL CREDO APOSTÓLICO: *"Padeció bajo el poder de Poncio Pilato, fue crucificado, muerto y sepultado",* con algunos complementos.

1	**Marcos, el evangelista.** *Introducción a los cuatro evangelios*	*Compendio nn. 18, 22*
2	**Judá, el escriba.** *Quién es mi prójimo (parábola del Buen Samaritano)*	*Compendio nn. 414, 434, 436*
3	**El borrico de Jesús.** *Entrada de Jesús en Jerusalén aclamado como Mesías*	*Compendio nn. 82, 108, 111*
4	**Mateo, el apóstol.** *Última Cena e institución de la Eucaristía*	*Compendio nn. 271 Y SS.*
5	**Judas, el traidor.** *El peligro de la codicia y de las infidelidades*	*Compendio nn. 391 Y SS.*
6	**Simón Pedro.** *Un largo y sinuoso itinerario hacia la fe y al primado de la Iglesia*	*Compendio nn. 179-185*
7	**Poncio Pilato.** *Traiciona la Verdad por miedo a complicarse la vida*	*Compendio nn. 521 Y SS.*
8	**Simón Cireneo.** *Llevar por amor la cruz de Jesús tiene siempre buenas consecuencias*	*Compendio nn. 122, 123*
9	**Dimas, el buen Ladrón.** *"Fue crucificado". Siempre es tiempo de misericordia y de conversión*	*Compendio nn. 119*
10	**San Juan Apóstol.** *Jesús le entrega a María como su Madre y de todos los discípulos*	*Compendio nn. 196 Y SS.*
11	**Centurión Romano.** *Asiste a la crucifixión y certifica oficialmente la muerte de Jesús*	*Compendio nn. 122*
12	**José de Arimatea.** *Pidió a Pilato el cuerpo de Jesús para darle santa sepultura*	*Compendio nn. 124*

NIVEL 4

ÚLTIMA PARTE DEL CREDO APOSTÓLICO: Desde *"al tercer día resucitó de entre los muertos"* hasta *"y en la vida eterna".* Sacramentos y moral cristiana.

1	**María Magdalena.** *Una mujer que resulta ser la primera apóstola de la Resurrección*	*Compendio nn. 127-131*
2	**Cleofás.** *Un discípulo que huía recuperado por la Palabra y la Eucaristía*	*Compendio nn. 271-294*
3	**Tomás, el incrédulo creyente.** *La resurrección, hecho histórico que se acepta por la fe*	*Compendio nn. 126-131*
4	**Andrés.** *Testigo de la última aparición de Jesús en Galilea. Entrega del Primado a Pedro*	*Compendio nn. 153, 175, 182*
5	**Bartolomé.** *Uno de los testigos de la Ascensión y de Pentecostés*	*Compendio nn. 132, 144, 145, 1466*
6	**Santiago.** *La vida de los primeros cristianos: "eran un solo corazón y una sola alma"*	*Compendio nn. 188-191*
7	**Nicodemo.** *Jesús le había revelado la fuerza transformadora del Bautismo*	*Compendio nn. 252-264*
8	**Felipe en Samaría.** *Bautismo del etíope. La Confirmación*	*Compendio nn. 265-270*
9	**Pablo.** *Converso y apóstol de los gentiles*	*Compendio nn. 150, 172-174*
10	**La Iglesia.** *Cuerpo y esposa de Cristo. ("Creo en la Iglesia")*	*Compendio nn. 147-168*
11	**Timoteo.** *El Orden sacerdotal*	*Compendio nn. 322-336*
12	**Un bautizado perdonado.** *Vida cristiana y Penitencia ("Creo… en el perdón de los pecados")*	*Compendio nn. 200-201, 295-312*
13	**Estéfanas, discípulo de Pablo.** *"Creo… en la resurrección de la carne"*	*Compendio nn. 202-206*
14	**Cristo, Alfa y Omega.** *"Creo… en la vida eterna" (Juicio final y retribución: cielo e infierno)*	*Compendio nn. 112, 207-216*

PROYECTO "CATEQUESIS DE ORIENTACIÓN CATECUMENAL" NIÑOS

Justificación del proyecto

El presente subsidio parte de un dato de experiencia. Muchos niños de 7-14 años no han recibido el Bautismo y no tienen la fe teologal; otros muchos, que sí están bautizados, cuando piden completar su iniciación cristiana con la Confirmación y primera Eucaristía, presentan un estado de cosas muy similar a los no bautizados en cuanto a la vivencia de la fe.

Dada la secularización creciente del medio ambiente y otras circunstancias, sobre todo de tipo familiar, parece que este estado de cosas se afianzará en los próximos años. Por esto es importante dar paso a procesos catequético-pastorales que sean respuesta a esta situación y preparar materiales de *tipo catecumenal* para los que piden el bautismo en esa edad de 6-14 años y de *orientación catecumenal* para los que los que, a esa misma edad, completan su iniciación con una vivencia muy baja de la fe.

El presente subsidio trata de ser una modesta contribución a esta nueva realidad.

A quiénes va destinado

Esto explica que sus destinatarios sean los *niños no bautizados* en su infancia que piden el bautismo durante el período escolar: de 6-14 años, y los que, *bautizados al poco de nacer y piden la Primera Eucaristía y Confirmación hacia los 6-10*, presentan un nivel muy bajo en la vivencia de la fe. Es decir, los catecúmenos en sentido estricto y los que se pueden considerar *cuasicatecúmenos*, como les califica el nuevo Directorio para la Catequesis (Cf. nº 61).

> «El catecumenado también puede inspirar la catequesis de aquellos que, a pesar de haber ya recibido el don de la gracia bautismal, no disfrutan efectivamente de su riqueza. Estas *personas pueden ser llamadas cuasi catecúmenos: cf. CT 44*»
>
> **Nuevo Directorio para la Catequesis, n. 61.**
> **23 de marzo de 2020**

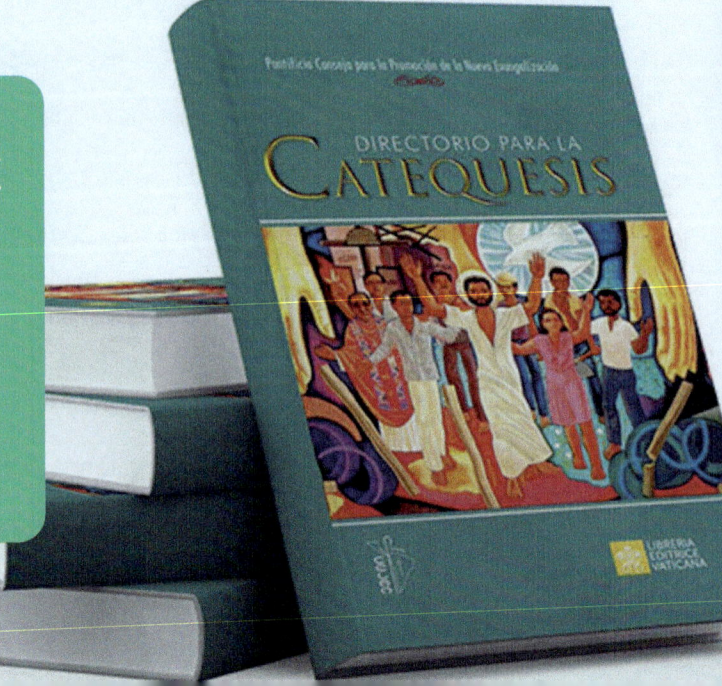

Aunque en las diócesis van surgiendo pequeños grupos de niños catecúmenos, todavía el número que los integra es pequeño. En cambio, aún es numeroso el de los *cuasicatecúmenos*. Por ello, será muy frecuente que los *catecúmenos* se integren en un grupo de *cuasicatecúmenos* de su misma edad y formen un grupo mixto. Por ello, los destinatarios del presente subsidio son estos *tres grupos*:

1° **Niños en edad escolar que son propiamente catecúmenos** que realizan su proceso en un grupo homogéneo o mixto;

2° **niños de edad escolar** que piden completar su iniciación cristiana entre 7/8-10 años y tienen un **nivel de fe práctica muy pequeño o nulo**; y

3° También pueden ser útiles estos subsidios a **padres de familia** que deciden usar "de modo autónomo" estos libros en su hogar para hacer **Catequesis Familiar** y así transmitir la fe a sus hijos de estas edades. En estos casos convendrá que esos padres de familia actúen de acuerdo con la parroquia, el colegio o el movimiento.

Objetivo fundamental

Según esto, el objetivo básico y fundamental que se pretende no puede ser otro que el de suscitar o potenciar la fe. Eso explica que la *Palabra de Dios* sea el elemento que condiciona, aglutina y estructura todos los contenidos. Porque la fe llega por el anuncio de esa Palabra.

En consecuencia, no está pautado para trasmitir saberes y conocimientos sino para provocar o potenciar la fe. Como es lógico, no se obvian los saberes, porque una fe sin contenidos sería pura ficción. Sólo se quiere decir que la Palabra de Dios ocupa el puesto central y es el manantial del que fluye todo lo demás.

Cuáles son sus contenidos

El presente subsidio está estructurado según el *Credo Apostólico*. Por eso, parte de Dios Creador y de la promesa del Redentor, pasa luego a Jesucristo y concluye con la

Iglesia y la vuelta definitiva del Señor. Sin embargo, no es una explicación escolar de cada uno de los artículos del Credo. Al contrario, dichos artículos van apareciendo al hilo de la historia de la salvación, tal como la presenta la Sagrada Escritura.

Por eso, todo él gira en torno a **Jesucristo**. Porque a él se refiere todo el Antiguo Testamento, de él habla el Nuevo y a él anuncia la Iglesia, cuyo camino se sitúa entre Pentecostés y la venida definitiva del Señor.

Ahora bien, como se trata de un subsidio de orientación catecumenal, la fe es presentada en su globalidad. Es decir, como realidad *profesada, celebrada, practicada y rezada*. De ahí que contenga muchas referencias a la liturgia, a la vivencia y a la oración. Sin olvidar algunos **signos** fundamentales del cristiano, como la señal de la cruz y otros.

Todo este bagaje aparece a lo largo de cuatro años, a los que corresponden lo que hemos catalogado como nivel 1, nivel 2, nivel 3 y nivel 4.

El Nivel 1 tiene un carácter inicial y ofrece a los niños de unos 6-7 años una síntesis muy elemental, pero necesaria, de la Historia de la Salvación.

El *nivel* 2 se extiende desde "Creo en Dios, Padre todopoderoso, Creador del cielo y de la tierra" hasta "Creo en Jesucristo… que nació de Santa María Virgen", a lo cual se añade la vida oculta de Jesús y el comienzo de su ministerio público.

El *nivel* 3 comprende fundamentalmente desde "padeció bajo el poder de Poncio Pilato" hasta "muerto y sepultado", ampliado con la entrada de Jesús en Jerusalén y la institución de la Eucaristía en la última Cena, con el fin de crear el marco de la pasión-muerte-sepultura del Señor.

El *nivel* 4 comprende desde "al tercer día resucitó entre los muertos", pasando por las apariciones del Señor resucitado, su Ascensión, Pentecostés y los comienzos de la Iglesia, hasta la "resurrección de la carne y la vida eterna".

En estas catequesis no se suplanta al catecismo oficial de la Conferencia Episcopal Española "Jesús es el Señor", *sino que se remite con frecuencia a su enseñanza ayudando a poner en ejercicio las cuatro dimensiones de la catequesis: confesión de la fe, celebración, compromiso y oración.*

¿Sirven estas catequesis para preparar la Primera Confesión y la Primera Comunión? Por supuesto. Los cuatro libros de la serie "Niños" ofrecen un programa que mira al itinerario completo para llegar a ser cristiano y remiten a las enseñanzas del Catecismo oficial "Jesús es el Señor".

Además, para facilitar la preparación próxima a los Sacramentos de la Penitencia y de la Eucaristía, **en la web www.edicionesdya.com habrá un apartado dedicado a la preparación próxima de esos Sacramentos.**

La pedagogía

Los cuatro niveles siguen la misma metodología. Ésta se articula en torno a *cuatro puntos: la narración de historias, la pedagogía activa, los medios audiovisuales y la participación de los padres.*

La niñez se adapta mejor a la *narración de historias* que al discurso. Por este motivo, la doctrina se ha encarnado en *personajes*, los cuales van narrando en primera persona los contenidos. Por ejemplo, el burrito de Betfagé va contando al niño la entrada de Jesús en Jerusalén y el Centurión romano el camino de Jesús a la cruz, su crucifixión y su muerte.

La pedagogía *activa* es exigida por el dinamismo propio de la niñez. Un niño tiene que sentirse parte de lo que se le va diciendo, con preguntas, respuestas, intervenciones de diverso tipo. Por eso, todos los temas conceden un lugar importante a la actuación del niño.

El uso de *medios audiovisuales* es hoy imprescindible y facilita, si se usa con una justa medida, el interés, la atención y la comprensión. Todos los temas conceden un espacio a estos medios.

Finalmente, el niño forma parte de un *entorno familiar* del cual no se le puede ni se le debe aislar. Ciertamente la familia se encuentra hoy, con mucha frecuencia, en situaciones conflictivas, debido a múltiples factores. A pesar de todo, el niño sigue conectado existencialmente con su familia. Por ello, el presente subsidio ofrece un apartado familiar específico que él y sus padres –o uno de ellos–, deberían realizar conjuntamente.

link*

Vídeo: "La Sagrada Escritura"
© Editorial Casals

MARCOS, EL EVANGELISTA

OBJETIVO: El libro más importante es el Evangelio pues nos dice quién es Jesús, lo que dijo e hizo para poder imitarle.

CATECISMO "Jesus es el Señor", temas 3 y 13 y 39.

Soy Marcos y quiero hablaros de los **Evangelios**, que son unos libros en los que se cuenta todo lo que Jesús hizo y dijo. Evangelio significa "Buena Noticia" y **hay cuatro Evangelios. Yo escribí uno y los otros tres los escribieron Mateo, Lucas y Juan.**

Juan y Mateo pertenecieron al grupo de los doce apóstoles, pero Lucas y yo aprendimos todo un poco después.

Lucas era médico y se informó hablando con las personas que habían escuchado a Jesús. Tuvo la suerte de hablar mucho con la **Virgen María**, quien le contó cosas de cuando Jesús era niño.

Yo era discípulo de Pedro y lo aprendí todo de él. Pedro había estado siempre al lado de Jesús y contaba las cosas como si las estuviera viendo. Por eso, mi evangelio te hace sentirte **como si fueses un personaje más** en las escenas que narro.

Los cuatro evangelistas coincidimos en lo fundamental. Pero también tenemos cosas diferentes. Por eso nos complementamos.

el personaje

¿Qué significa la palabra Evangelio?

¿Cuántos Evangelios hay?

¿Quiénes son sus autores?

*Para abrir el enlace, activa la cámara de tu móvil y apunta hacia el código QR. Dependiendo del móvil, puede que sea necesario descargar una App para leer códigos QR.

Palabra de Dios

Mateo y Juan vivieron con Jesús los tres años que se dedicó a predicar por la Galilea y Judea. Juan incluso le acompañó, junto a la Virgen María, en el momento de su muerte en la Cruz. Y los dos estuvieron con Él después, desde que resucitó hasta que subió al Cielo.

Jesús anuncia el Evangelio

Tuvieron la inmensa suerte de **escuchar directamente las palabras de Jesús,** ver cómo trataba a la gente, acompañarle en sus desplazamientos de pueblo en pueblo, presenciar sus milagros… Por eso, cuando luego escribieron su Evangelio, **pusieron por escrito lo que habían visto y oído** personalmente a Jesús.

Ahora comprenderás muy bien lo que Juan dice en una de sus cartas: "Lo que hemos oído, lo que hemos visto con nuestros ojos, lo que hemos contemplado y han palpado nuestras manos a propósito del Verbo de la Vida… lo que hemos visto y oído os lo anunciamos" (1 Juan 1, 1-3).

Actividades

💬 Reflexionamos y dialogamos:

¿Por qué algunos discípulos de Jesús pusieron por escrito sus palabras y hechos?
Leemos despacio el último párrafo y vamos explicando el significado de esas palabras.

La Biblia y los Evangelios

Palabra —de— Dios

"Toda la Escritura es inspirada por Dios y útil para enseñar, corregir, para instruir en justicia" (2 Tim 3, 16). Los cuatro Evangelios forman parte de la Escritura, también llamada BIBLIA.

Pero lo verdaderamente importante no es que Mateo, Lucas, Juan y yo hayamos escrito un evangelio. Lo más importante es que el Espíritu Santo nos ayudó tanto, que incluso impidió que nos equivocáramos. Por este motivo, la Iglesia considera los cuatro Evangelios como libros cuyo autor principal es el Espíritu Santo y como libros que dicen lo que tienen que creer y vivir los discípulos de Jesús.

Después de lo dicho comprenderás muy bien que los Evangelios son los libros más importantes de los 73 que forman la Santa Biblia. Ciertamente todos son obra del Espíritu Santo y todos hablan, de una forma u otra, de Jesús; pero los Evangelios son los únicos que recogen las palabras y los hechos que Jesús en persona vivió y enseñó.

Actividades

✏️ Dibuja y colorea
una preciosa BIBLIA

✏️ Remarca y colorea
esta frase sobre la Biblia

LA BIBLIA
CONTIENE
LA PALABRA
DE DIOS

Un rostro de hombre, una cabeza de león, una cabeza de toro y un águila en vuelo

Los evangelios son cuatro: Mateo, Marcos, Lucas y Juan. A cada evangelista se le representa con un animal.

San Mateo

San Marcos

San Lucas

San Juan

+ **A MATEO** se le representa con un **rostro humano** porque su evangelio comienza con la genealogía humana de Jesucristo.

+ **A MARCOS** se le representa con un **león** porque su evangelio comienza con la predicación de Juan Bautista en el desierto, en el que había leones.

+ **A LUCAS** con la figura de un **toro**, pues su evangelio comienza con el sacerdote Zacarías, que ofrecía a Dios sacrificios de animales (en especial toros).

+ **A JUAN** con la figura de un **águila** pues su evangelio comienza hablando del Verbo de Dios; o sea, se eleva a las alturas como las águilas.

Aprendemos

Los libros de toda la Sagrada Escritura son 73.
Los libros del Antiguo Testamento son 46.
Los libros del Nuevo Testamento son 27.
Los Evangelios son 4.
Todos los libros del Antiguo y Nuevo Testameneto están divididos en capítulos y cada capítulo en versículos.

Aprendemos los números 5, 6 y 8
del Catecismo "Jesús es el Señor"

¡Celebramos!

El Evangelio se escucha de pie

para mostrar nuestro respeto y atención a la Palabra de Jesucristo.
En la Homilía (explicación del Evangelio) estamos sentados.

- Se escucha de pie, no sentados como las otras lecturas.

- Lo proclama el sacerdote o un diácono, no un lector.

- No comienza su lectura sin más, sino que antes hay un intercambio de saludo entre el sacerdote y el pueblo.

  "El Señor esté como vosotros".
  R. "Y con tu espíritu".
  Lectura del santo evangelio según...
  R. Gloria, a ti, Señor.

- Mientras dice estas últimas palabras, hace una + en el libro y luego él y los fieles se signan la frente, los labios y el pecho. Quieren indicar que desean que la Palabra de Jesús guíe su inteligencia, sus palabras y sus obras.

- Después el sacerdote puede incensarlo. Es un signo de reverencia y amor.

- Cuando termina la lectura no dice, como en las otras: "Palabra de Dios", sino "Palabra del Señor", a lo que los fieles contestan: "Gloría a Ti, Señor Jesús".

- Finalmente besa el evangelio, como señal de amor y veneración.

Ahora lo hacemos nosotros:
Yo hago lo que hace el sacerdote y vosotros
hacéis lo que hacen los fieles.

14

Estas actividades son para hacer conjuntamente los padres (o uno de ellos) con el hijo o la hija. No es difícil encontrar unos minutos para ayudarles en su formación cristiana.

Catequesis familiar

Buscamos en el Evangelio de san Marcos el pasaje en el que Jesús bendice a unos niños

link*

Vídeo: "La Sagrada Escritura"
© Editorial Casals

Colorea esta escena

Dialogamos con nuestro hijo/a

¿Quiénes aparecen en esta escena?

¿Quién es el personaje principal?

¿Por qué algunos discípulos reñían a los niños?

¿Qué dijo Jesús a esos discípulos?

¿De qué maneras podemos hoy acercarnos a Jesús y hablar con Él? Ponemos algunos ejemplos.

Colorea el dibujo y, cuando lo termines, se lo enseñas y comentas a tus papás.

"Acercaban a Jesús niños para que los tocara, pero los discípulos les regañaban. Al verlo, Jesús se enfadó y les dijo: «Dejad que los niños se acerquen a mí: no se lo impidáis, pues de los que son como ellos es el reino de Dios. En verdad os digo que quien no reciba el reino de Dios como un niño, no entrará en mi Reino». Y tomándolos en brazos los bendecía imponiéndoles las manos" (Marcos 10, 13-16)

JUDÁ, EL ESCRIBA

OBJETIVO: comprender que nuestro prójimo, sea quien sea, es cualquier persona necesitada de nuestra ayuda.

CATECISMO "Jesus es el Señor", tema 33.

Yo soy Judá y os quiero contar la lección tan bonita que un día me dio Jesús. Yo era un **maestro de la ley,** un judío que conocía a la perfección los mandamientos que Dios nos había dado a través de Moisés. Me sentía muy importante, pues procuraba vivir cumpliendo esos mandamientos y además, mi trabajo era enseñárselo a los demás. **Cuando conocí a Jesús sentí mucha envidia,** pues mucha gente le seguía y le admiraba.

Para ponerle en un aprieto un día me acerqué a él mientras enseñaba a la gente y le pregunté:
—¿Qué tengo que hacer para ir al Cielo?
Él me respondió con otra pregunta y me dijo:
—¿Qué dice la Ley de Moisés?

Yo lo sabía bien y le contesté:
—**Dice que hay que amar a Dios sobre todas las cosas y al prójimo como a uno mismo.**
Él replicó:
—Bien has dicho; haz eso e irás al Cielo.

Aunque la gente no lo notó, **yo me sentí humillado** y le repliqué para que vieran que yo sabía mucho:
—Bien, pero "¿quién es mi prójimo?".

el personaje

¿Sabías que la palabra "prójimo" significa "próximo"? ¿Qué otras palabras son parecidas?

¿Quién crees que es tu prójimo?*

* En este encuentro se pueden repasar los 10 Mandamientos de le Ley de Dios (pag. 90).

Parábola del buen samaritano

Jesús comenzó a contar una parábola, que es como un cuento, en la que me hacía ver que el prójimo eran no sólo los de mi raza y religión y los que me caen bien, sino cualquiera que me necesitara, y que yo debía ayudarles si quería ir al Cielo. La parábola es esta:

Un hombre de raza y religión judía iba de camino de Jerusalén a Jericó y fue asaltado por unos ladrones que le robaron, y le dieron una paliza tan grande que le dejaron medio muerto. Poco después pasó un sacerdote del Templo de Jerusalén, le vio y pasó de largo sin hacerle caso. Luego pasó otro servidor del mismo Templo, le vio, y tampoco le hizo caso.

Por último pasó un samaritano, que era un extranjero a quienes los judíos despreciaban. Al verle, se acercó, le curó, le montó en su borriquillo y le llevó a una posada. Al día siguiente, antes de emprender su camino pidió la cuenta y le dijo al posadero: gasta con él lo que haga falta y cuando vuelva, yo te lo pagaré.

Actividades

 Reflexionamos y dialogamos:

¿Por qué Jesús contaba parábolas? ¿Qué hizo el sacerdote y el otro servidor del Templo?

¿Y qué hizo el samaritano que era un extranjero?

Y tú, ¿qué habrías hecho?

▶ Vídeo: "El buen Samaritano"
Valiván

link

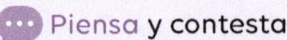

Palabra -de- Dios

¿CUÁL DE ELLOS FUE EL VERDADERO PRÓJIMO?

Después de esto, Jesús me hizo esta pregunta: **"¿Cuál de estos tres te parece que fue prójimo del que cayó en manos de los ladrones?"**. La respuesta era muy fácil y dije inmediatamente: **"El que tuvo misericordia con él"**. Entonces Jesús me dijo: **"Pues anda y haz tu lo mismo"**.

Aquel día recibí una importantísima lección pues entendí quién era "mi prójimo". Antes yo pensaba que mi prójimo era quien pensaba y vivía como yo y que los diferentes no eran "mis prójimos".

Al escuchar a Jesús entendí que nuestro prójimo no es sólo el que nos cae bien, sino **cualquiera que necesite nuestra ayuda** material o espiritual, aunque sea un emigrante o alguien que no practique nuestra religión o no tenga las mismas ideas que nosotros.

Así obra nuestro Padre Dios, que hace salir el sol para todos, no para algunos, y manda la lluvia a los campos de todos, no a los de algunos. Jesús no solo nos enseñó esta lección, sino que lo practicó **pues dio su vida por todos**, incluso por sus enemigos.

Actividades

💬 Piensa y contesta:

¿Hay en tu clase algún niño que se sienta solo? ¿Cómo le puedes ayudar?

¿Es prójimo tuyo un compañero de clase?

¿Y un chico que te cae mal y que te resulta antipático?

¿Y una mendiga que te pide ayuda en la calle?

¿Y un niño?

¿Y una familia de judíos?

18

el signo

**EL BUEN SAMARITANO,
SIGNO DEL AMOR AL PRÓJIMO**

El buen samaritano es signo del mandamiento del amor que nos dio Jesús: "Amaos los unos a los otros como Yo os he amado. En esto conocerán que sois mis discípulos" (Juan 13, 34-35).

Meditando este mandamiento, se le atribuye a San Francisco de Asís este himno:

*Señor, haz de mí un instrumento de tu paz.
Que allá donde hay odio, yo ponga el amor.
Que allá donde hay ofensa, yo ponga el perdón.
Que allá donde hay discordia, yo ponga la unión.
Que allá donde hay error, yo ponga la verdad.
Que allá donde hay duda, yo ponga la Fe.
Que allá donde hay tinieblas, yo ponga la luz.
Que allá donde hay tristeza, yo ponga la alegría.
Oh Señor, que yo no busque tanto ser consolado,
cuanto consolar,
ser comprendido, cuanto comprender,
ser amado, cuanto amar.
Porque es dándose como se recibe,
es olvidándose de sí mismo
como uno se encuentra a sí mismo.*

Conversamos

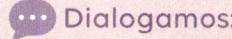 **Dialogamos:**

¿Qué me dice a mí este himno?

Aprendemos el mandamiento nuevo de Jesús:

**"Amaos los unos a los otros
como Yo os he amado.
En esto conocerán que sois mis discípulos"**

Aprendemos los números 76, 77 y 78 del Catecismo "Jesús es el Señor"
y **repasamos** los 10 Mandamientos (están en la página 90)

¡Celebramos!

Unidos al Papa, rezamos por la fraternidad

Vamos a rezar ahora a Jesús unidos a las peticiones
que hizo el Papa Francisco en una visita a un país musulmán:
Yo (el catequista) leo la intención y todos respondéis: **Jesús, escúchanos**

Para que nos portemos como hermanos "todos los creyentes", los creyentes con los no creyentes, y todas las personas de buena voluntad.
Respondemos: Jesús, escúchanos.
Para que la fe en Dios una los corazones divididos por la guerra o la enemistad.
Jesús, escúchanos.
Para que todos cooperemos entre nosotros para vivir como hermanos que se aman.
Jesús, escúchanos.
Para que haya paz en todo el mundo y todos disfrutemos de ella.
Jesús, escúchanos.

Terminamos rezando juntos el Padre Nuestro
con estos sentimientos de paz y de fraternidad.

El papa Francisco con niños enfermos.

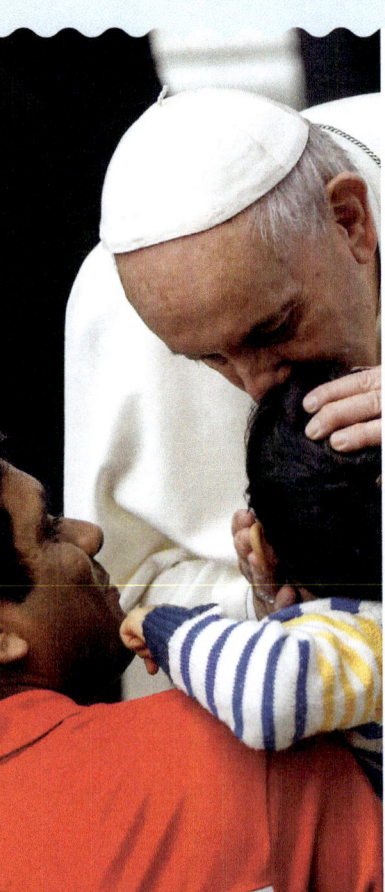

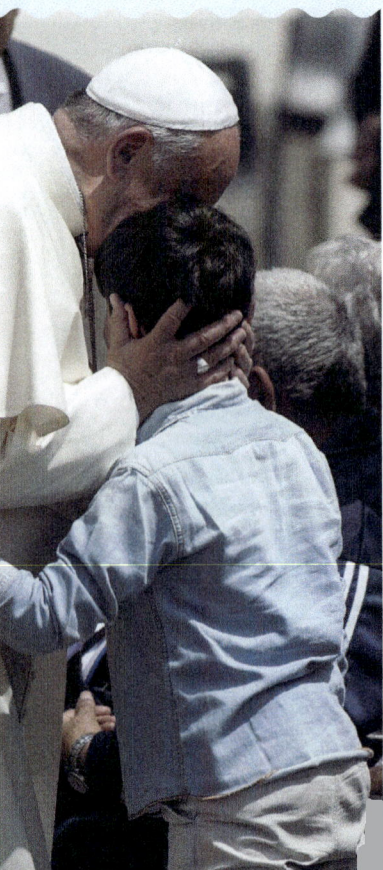

20

Relato actual de la parábola del buen samaritano

La parábola es esta: un niño de unos 10 años iba camino de unas instalaciones deportivas cuando de pronto fue asaltado por dos niños ladrones, un poco mayores que él, que le robaron la bolsa de deporte donde llevaba la ropa deportiva y unas botas de futbol recién estrenadas. Como el niño se resistió, los niños ladrones le dieron una paliza tan grande que le dejaron medio muerto en el suelo y sin sentido.

Poco después, pasaron cerca de allí un grupo de chicos jóvenes que le vieron pero no le hicieron ningún caso. Pasó también un señor mayor y lo mismo. Un rato más tarde, le vio una chica joven, se acercó hasta él, le limpió las heridas con un pañuelo y le ayudó a ponerse en pie y a caminar hasta una Farmacia cercana donde le curaron bien las heridas y le vendaron un navajazo que tenía en un brazo.

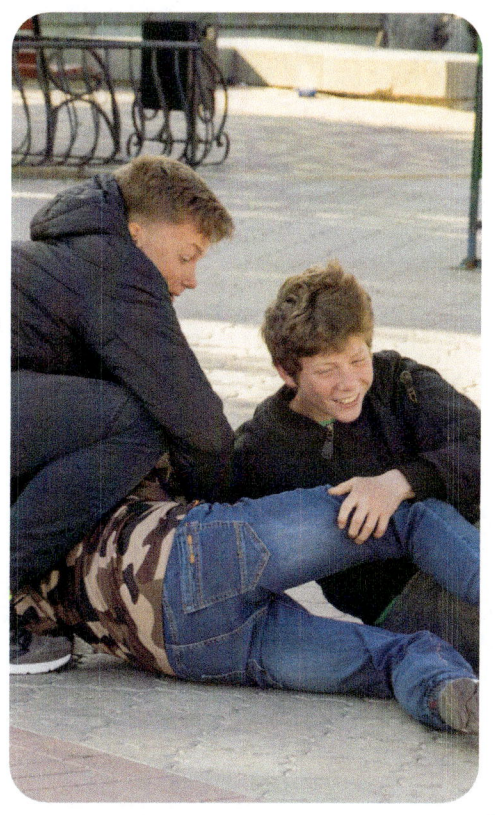

Piensa y contesta

Quizás nunca te has encontrado con una situación tan dura, pero hay muchas ocasiones más corrientes en las que podemos y debemos comportarnos con el prójimo como un buen samaritano.
Por ejemplo:
Con un niño o niña de clase que no tiene amigos y casi siempre está solo…
¿Cómo le podrías ayudar?
¿O con un niño musulmán al que algunos marginan?

(Los padres pueden proponer otros ejemplos más cercanos a la vida de su hijo/a y conversar sobre cómo encauzar esas situaciones).

EL BORRICO DE JESÚS

link

"La Semana Santa"
© Editorial Casals

OBJETIVO: Comprender que con este encuentro comienza la semana más grande para un cristiano: la Semana Santa.
CATECISMO "Jesus es el Señor", tema 19.

Yo soy el borrico más famoso. Siempre había pensado que mi vida sería bastante aburrida. Pero estaba equivocado. La cosa fue así: yo era un borrico muy joven (por eso en los Evangelios a veces me llaman *pollino* o *borriquillo*). Mi amo me había atado con una cuerda cerca de la puerta de la entrada de su casa. **Resulta que mi dueño era amigo de Jesús** y cuando Jesús llegó al monte de los Olivos, poco antes de que se celebrase la Pascua de los judíos, dijo a dos discípulos: "Id al pueblo de enfrente y traed un borrico que encontraréis atado junto a una casa. Y si el dueño del borrico os pregunta por qué lo desatáis, decidle: el Maestro lo necesita y luego te lo devolverá".

Y, efectivamente, cuando me desataron todo ocurrió así y los dos discípulos **me llevaron donde estaba Jesús.** No sabía que estaba destinado a cosas muy grandes, porque hacía varios siglos un profeta, llamado Zacarías, había anunciado que el Mesías entraría en Jerusalén "sobre un pollino, hijo de asna", y **ese pollino o borrico era precisamente yo.**

¿Por qué es famoso este burro?
¿Cuál es su historia?
¿Qué anunció el profeta Zacarías?

el personaje

Palabra -de- Dios

Entrada triunfal de Jesús en Jerusalén
(Lucas 19, 18-40)

Sobre mí todavía no había montado nadie. Ahora pensáis que los burros no valemos para nada, pero entonces era una cabalgadura (junto a los caballos) para personas importantes. Jesús estaba rodeado de mucha gente. Unos le venían acompañando desde Betania y otros eran peregrinos que llegaban a Jerusalén para celebrar la Pascua y se le habían unido.

En un determinado momento algunos se quitaron sus mantos y me los pusieron sobre mis lomos. Otros tendían sus mantos por el suelo para que pasara Jesús montado sobre mí. Muchos cortaban ramos de olivo y de palmera y los agitaban llenos de alegría o los esparcían delante de nosotros. Todos empezaron a gritar: "¡Hosanna! ¡Bendito el que viene en el nombre del Señor! ¡Bendito el reino que viene de nuestro padre David!" Y todos gritaban: "¡Hosanna, hosanna en las alturas!" (Mc 11, 9-10). "Hosanna" era un grito de júbilo dirigido a Dios. Algo así como "Yahvé salva".

Actividades

 Reflexionamos y dialogamos:

El borrico en aquel tiempo era muy útil como animal de carga y para montar sobre él. ¿Sabemos si Jesús tenía un borrico propio?

¿Por qué la gente estaba tan contenta cuando llegó Jesús montado en el burro?

Palabra de Dios

Al entrar en la ciudad, un grupo muy numeroso de chiquillos comenzó a vitorear a Jesús con mucha alegría: "¡Hosanna al Hijo de David", gritaban. Los fariseos se enfadaron porque llamar a Jesús "hijo de David" era llamarle Mesías, y ellos no querían reconocerlo como tal. Por eso dijeron a Jesús: "¿No oyes lo que estos niños dicen"? Jesús les contestó con mucho aplomo: "Sí, les entiendo y vosotros deberías entenderlo también. ¿No habéis leído en la Escritura: «De los niños de pecho sacaste alabanza?»". Os digo más: "Si ellos callaran, gritarían las piedras".

Cuando llegamos al Templo, Jesús se bajó de mis lomos y entró para expulsar a los mercaderes que lo habían convertido en un mercado. A mí me devolvieron a mi amo. ¡Quién me iba a decir que yo me haría famoso en todo el mundo! Porque cada año los cristianos celebran en muchos lugares la procesión que llaman de la Borriquilla, que conmemora lo que os he contado y con la que comienza la semana más santa de todo el año: LA SEMANA SANTA.

Actividades

✏️ Coloreamos este dibujo de Jesús montado en el borrico y le damos color. Lo hacemos con alegría como los niños que le gritaban ¡Hosanna!

EL BURRO, CABALGADURA DE PAZ Y MANSEDUMBRE

El burro o asno es un animal de la familia de los équidos. Los burros han sido utilizados por el hombre durante muchos siglos como animal doméstico, muy útil para la carga y para montar sobre él. A pesar de no ser tan rápidos y fuertes como los caballos, su mantenimiento es menos costoso, tienen una gran resistencia y una larga vida.

El profeta Zacarías anunció la entrada del Mesías en Jerusalén montado en un asno joven. Dice así su profecía: *"¡Alégrate mucho, hija de Sión! ¡Grita de júbilo, hija de Jerusalén! Mira que tu Rey viene hacia ti; Él es justo y victorioso, es humilde y va montado sobre un asno, cría de un asna".*

En los relatos y en la tradición evangélica el burro aparece numerosas veces: en el viaje de María y José a Belén; en el nacimiento de Jesús en el pesebre de Belén; en la huida de la Sagrada Familia a Egipto; en el retorno a Israel, etc.

¿Verdadero o falso?

El Domingo de Ramos es el primer día de la Semana Santa.

VERDADERO ⬜   ⬜ FALSO

El profeta Isaías anunció que Jesús entraría en Jerusalén montado en un borrico.

VERDADERO ⬜   ⬜ FALSO

En los Evangelios no aparece ningún borrico.

VERDADERO ⬜   ⬜ FALSO

Los chiquillos vitoreaban a Jesús con mucha alegría: "¡Hosanna al Hijo de David".

VERDADERO ⬜   ⬜ FALSO

Aprendemos los números 31, 32, 33 y 34 del Catecismo "Jesús es el Señor"

Himno a Cristo Rey

¡Celebramos!

(Decimos a dos coros):

Niños:
¡Gloria, alabanza y honor!
¡Gritad Hosanna!, y haceos como los niños hebreos
al paso del Redentor.
¡Gloria y honor, al que viene en el nombre del Señor!

Catequista:
Como Jerusalén con traje festivo,
Vestida de palmeras, coronada de olivos,
Viene la cristiandad en son de romería,
A inaugurar su Pascua con himnos de alegría.

Niños (se repite de nuevo):
¡Gloria, alabanza y honor!

...

Estas actividades son para hacer conjuntamente los padres (o uno de ellos) con el hijo o la hija. No es difícil encontrar unos minutos para ayudarles en su formación cristiana.

Relato actual de una Semana Santa (para conversar un ratito con tu hijo/a)

Los cristianos en la Semana Santa además de recordar la entrada de Jesús en Jersusalén montado en un borriquito, recordamos y celebramos los misterios de la Pasión, Muerte y Resurrección de Jesús.

Tú ya sabes que en muchas ciudades españolas es costumbre en la Semana Santa sacar a las calles los "pasos" con escenas de la Pasión del Señor. Seguro que los has visto alguna vez... ¿lo recuerdas?

Pues bien, en cierta ocasión el Papa Francisco en un encuentro con jóvenes, recordando la Semana Santa del barrio "Las Flores" donde vivía de niño, confió este recuerdo a un grupo de jóvenes:

"He tenido la gracia de crecer en una familia en la cual se vivía la FE de un modo simple y concreto. Fue sobre todo mi abuela quien me marcó el camino de la fe... Cada Sábado Santo nos llevaba a sus nietos a la procesión de las velas y frente a una imagen de Cristo yacente la abuela se arrodillaba, nos hacía arrodillar, y luego nos decía: «Miradle, ¿lo veis bien? Está muerto, ¡¡¡pero mañana RESUCITA!!!» ¡Qué alegría –decía el Papa– haber recibido el primer anuncio de esta gran noticia en mi propia familia!"

Cuando cada dos semanas nos reunamos un ratito para la Catequesis Familiar trataremos de crecer un poco en la Fe con ayuda de lo que está escrito en este libro.

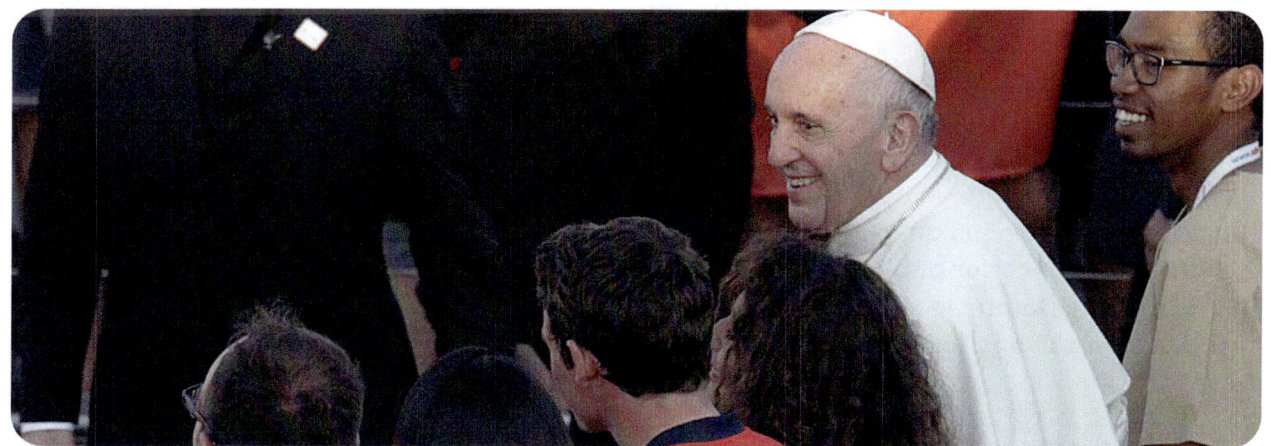

MATEO, EL APÓSTOL

link

"Institución de la Eucaristía"
Canal YouTube ConectaCEC

OBJETIVO: Que el niño descubra que Jesús instituyó la Eucaristía y mandó a los apóstoles que la celebraran.

CATECISMO "Jesus es el Señor", temas 19, 40 y 41.

el personaje

Yo soy Mateo, *el publicano*. Mi profesión era **cobrar los impuestos a los judíos** para entregárselos a los romanos, que eran nuestros enemigos, pues nos habían invadido y nos dominaban. Por eso la gente nos miraba mal, nos consideraban traidores y abusones, pues nos hacíamos ricos cobrando más de lo debido.

Como me sentía rechazado por mis compatriotas, **nunca pensé que Jesús podría fijarse en mí** y mucho menos llamarme para ser discípulo suyo. Un día que estaba cobrando los impuestos en Cafarnaún, pasó junto a mí, me sonrió y me dijo: **"Sígueme"**.

Yo me levanté inmediatamente y me fui con Él (cf. Mt 9,9). Desde entonces, formé parte de los Doce apóstoles. ¡Qué bueno es Jesús, que quiso contar entre sus amigos íntimos a uno considerado 'pecador público'! Con el tiempo lo comprendí, porque le oí decir que **Él había venido para salvar a los pecadores.**

¿Por qué Mateo era rechazado por los demás judíos?

¿Conoces a algún niño que se sienta rechazado? ¿Cómo crees que le trataría Jesús?

Si quieres ser discípulo de Jesús, ¿cómo deberías tratar tú a ese niño?

Palabra
-de-
Dios

La Última Cena con Jesús

El día anterior a su muerte, Jesús quiso celebrar con nosotros la "Cena Pascual", que todos los judíos celebramos cada año para dar gracias a Dios porque nos liberó de la esclavitud en Egipto.

Esta cena sería la **última Pascua que Jesús celebraría con nosotros** antes de morir en la cruz. La cena de la Pascua consistía en comer un cordero asado, como hicieron, por mandato de Dios, nuestros padres en Egipto. La costumbre era que cada padre de familia dijera unas palabras recordando el sentido de aquella Pascua ("paso de Dios"), que fue la salvación del pueblo judío, y partiera el pan.

En la "Última Cena" Jesús hizo de padre de familia, cogió un pan en sus manos y dijo unas palabras que nos pillaron por sorpresa: **"Tomad, comed, esto es mi Cuerpo que será entregado por vosotros"**. Cuerpo para los judíos significaba toda la persona. O sea, que fue como si Jesús nos hubiera dicho:

Dios y verdadero hombre: ¡Comedme!". Y repartió entre sus discípulos aquel alimento que parecía pan pero que era Él mismo.

Actividades

 Reflexionamos y dialogamos:

¿Qué era lo que Jesús cogió en sus manos antes de pronunciar sus palabras?

¿Qué es lo que Jesús tenía en sus manos y dio a sus discípulos a comer después de pronunciar sus palabras?

Después de comer el cordero, el cabeza de familia llenaba una copa de vino y daba gracias a Dios por todos sus beneficios. Luego, la pasaba para que todos los presentes bebieran del vino de esa copa.

Jesús llenó la copa de vino y antes de pasarla a los Apóstoles dijo estas misteriosas palabras: "Tomad y bebed todos de él, porque este es el cáliz de mi Sangre, Sangre de la nueva Alianza, que será derramada por muchos para el perdón de los pecados". Luego añadió: "Haced esto en conmemoración mía" (1 Co 11, 25).

En resumen, es como si Jesús nos hubiera dicho: "Esto que antes era pan, y que parece pan, ahora es mi Cuerpo; y este cáliz que antes contenía vino, y que parece vino, ahora es mi Sangre". Es decir, por el poder infinito de las palabras de Jesús, el pan se convierte enteramente en su Cuerpo y el vino enteramente en su Sangre, aunque permanecen las *apariencias* de pan y de vino.

Este extraordinario cambio ocurre cuando un sacerdote pronuncia, haciendo las veces de Jesucristo, las palabras de la Consagración en la Santa Misa.

Actividades

💬 Reflexionamos:

¿Qué es la Consagración en la Misa?

¿Qué milagro sucede en ella?

¿Conoces a algún sacerdote?

¿Qué es lo más importante que hace en su vida?

el signo

"Parece pan pero es el Cuerpo de Cristo"

"Parece vino pero es la Sangre de Cristo"

El sacerdote dice al que comulga: **"El Cuerpo de Cristo"**.
El que comulga responde: **"Amén"**.
Amén equivale a decir: *así es, lo creo*. Es, por tanto, un acto de fe por el que confesamos que en la Sagrada Comunión recibimos al mismo Jesucristo.

APRENDEMOS

En el Sacramento de la Eucaristía está realmente presente Jesucristo con su Cuerpo, Sangre, Alma y Divinidad.
Por eso, cuando pasamos ante el Sagrario de una iglesia hacemos una genuflexión como gesto de adoración. Aprende a hacerla muy bien.
¿Qué significa la lamparita encendida?

Actividad

✏️ Dibuja un niño o niña haciendo la genuflexión ante un Sagrario; se ve la lamparilla encendida.

Aprendemos los números 61, 62, 63, 64, 65 y 66 del Catecismo "Jesús es el Señor"

¡Celebramos!

Cuando llega el momento cumbre de la misa, el sacerdote dice estas palabras:

"Santo eres en verdad, Señor,
fuente de toda santidad;
Por eso te pedimos que santifiques
estos dones con la efusión de tu Espíritu,
de manera que se conviertan para
nosotros en el Cuerpo
y la Sangre de Cristo".

"El cual (Cristo), cuando iba a ser
entregado a su Pasión,
voluntariamente aceptada,
tomó pan, dándote gracias, lo partió
y lo dio a sus discípulos diciendo:

Tomad y comed todos de él,
PORQUE ESTO ES MI CUERPO,
QUE SERÁ ENTREGADO POR VOSOTROS.

Del mismo modo, acabada la cena,
tomó el cáliz, y, dándote gracias
de nuevo, lo pasó a sus discípulos,
diciendo:

Tomad y bebed todos de él,
PORQUE ESTE ES EL CÁLIZ DE MI SANGRE,
SANGRE DE LA ALIANZA
NUEVA Y ETERNA,
QUE SERÁ DERRAMADA
POR VOSOTROS Y POR MUCHOS
PARA EL PERDÓN DE LOS PECADOS.
HACED ESTO EN CONMEMORACIÓN MÍA".
(Plegaria eucarística II).

32

Estas actividades son para hacer conjuntamente los padres (o uno de ellos) con el hijo o la hija. No es difícil encontrar unos minutos para ayudarles en su formación cristiana.

Relato de los mártires de Abitinia

El papa Benedicto XVI contaba hace unos años en una homilía esta historia:

"Sucedió hacia el año 300 en Abitinia, pequeña localidad de la actual Túnez. Un día que era domingo, 49 cristianos fueron sorprendidos mientras, reunidos en la casa de Octavio Félix, celebraban la Eucaristía desafiando las prohibiciones imperiales. Tras ser arrestados, fueron llevados a Cartago para ser interrogados por el procónsul. Fue significativa, entre otras, la respuesta que un cierto Emérito dio al procónsul que le preguntaba: «¿Por qué habéis transgredido la severa orden del emperador?»

El Emérito respondió: «Sine dominico non possumus»; es decir, sin reunirnos el domingo para celebrar la Eucaristía no podemos vivir. Nos faltarían las fuerzas para afrontar las dificultades diarias y no sucumbir. La sentencia fue: condena a muerte. Así, derramando su sangre, estos 49 mártires –hombres, mujeres y niños- confirmaron su fe. Murieron, pero vencieron; ahora los recordamos en la gloria de Cristo resucitado".

Papa Benedicto XVI Homilía, Bari, 29-V-2005

Podemos iniciar un coloquio con el niño/a: ¿Puedes contarme, de modo resumido, este relato? ¿Qué conclusiones podemos sacar de este relato?

CONCLUSIÓN: La Misa de cada Domingo no es una carga, sino una fiesta llena de gozo y alegría porque en *ese día podemos tener un encuentro personal con JESÚS* que murió por nosotros en la Cruz, resucitó y nos espera en la celebración de la Eucaristía cada Domingo, VIVO y RESUCITADO. Si vas a Misa cada Domingo, Jesús te fortalecerá para ser un buen cristiano.

JUDAS, EL TRAIDOR

link

"El Salvador sufre en Getsemaní"
Canal YouTube Iglesia de Jesucristo*

OBJETIVO: El niño ha de descubrir que si no pone su corazón por entero en Jesús no será un buen discípulo.

CATECISMO "Jesus es el Señor", tema 35.

:el:
personaje

Yo soy Judas, uno de los doce apóstoles de Jesús. Oí hablar de Jesús cuando comenzó a hacerse famoso. Empecé a seguirle lleno de curiosidad.

Cierto día, Jesús escogió entre sus discípulos a doce, a los que llamó "apóstoles". Yo fui uno de los elegidos. **A mí me nombró su tesorero,** o sea el encargado de la bolsa del dinero destinado a los pobres.

Como me gustaba mucho el dinero, **robaba pequeñas cantidades** de la bolsa. Eso fue dando lugar a que mi corazón se alejase cada vez más de Jesús, aunque seguía a su lado. Por ejemplo, cuando resucitó a Lázaro, su hermana María derramó en los pies de Jesús un perfume muy caro. Yo dije que hubiera sido mejor vender el perfume y dar el dinero a los pobres. Lo dije porque quería disponer de más dinero en la bolsa para robar. Jesús reprochó mi comentario y alabó a María.

A medida que pasaban los días **mi corazón se alejaba más y más de Jesús y se apegaba más al dinero.** Como sabía que los principales judíos le odiaban, comencé a pensar en entregárselo a cambio de dinero.

¿Qué sentiría Judas cuando fue llamado por Jesús para ser uno de sus Apóstoles?

¿Por qué el corazón de Judas se fue alejando poco a poco de Jesús?

¿Sabría Jesús que Judas robaba de la bolsa? ¿Por qué no lo expulsó del grupo?

Treinta monedas de plata

Estaba muy cerca la fiesta de la Pascua. Entonces noté dentro de mí una terrible tentación de entregar a Jesús y fui deprisa al templo para tratar con los sumos sacerdotes el modo de entregárselo. Me recibieron enseguida y les pregunté: "¿Qué me queréis dar si os lo entrego?". Ellos cuchichearon entre sí y el principal me dijo: "Treinta monedas de plata". Me pareció una miseria; pero ya no podía echarme atrás y acepté.

A los pocos días, Jesús nos reunió a los Doce para la Cena de la Pascua. Una vez que nos acomodamos, Jesús, antes de la Cena, nos fue lavando los pies, uno a uno, como si fuera un criado. Cuando llegó mi turno, no fui capaz de mirarle a los ojos.

Luego, durante la Cena, Jesús dijo: "En verdad, en verdad os digo: uno de vosotros me va a entregar". Los discípulos nos miramos unos a otros con cara de perplejidad. Jesús, untó un trozo de pan en la salsa y me dijo: "Lo que vas a hacer, hazlo pronto". Tomé el bocado y salí a la calle. Era de noche (Juan 13, 21-30).

Actividades

💬 Reflexionamos y dialogamos:

¿Cómo te imaginas que fue formándose en la mente y en el corazón de Judas la idea de entregar a Jesús?

¿Alguien instigaba a Judas para que traicionase y entregase a Jesús? ¿Quién era?

Palabra -de- Dios

JUDAS ENTREGA A JESÚS EN EL HUERTO DE LOS OLIVOS

Al terminar la Cena, Jesús, acompañado de sus Apóstoles, fue como tenía costumbre al Huerto de los Olivos. Allí se alejó un poco de los suyos y comenzó a orar con gran angustia. Y decía: "¡Padre! Si es posible haz que se aleje de mi este cáliz; pero no sea lo que yo quiero, sino lo que quieres Tú".

Después de orar mucho tiempo, se levantó de la oración y dijo a sus Apóstoles: "Mirad. Ha llegado la hora: el Hijo del hombre va a ser entregado en manos de los pecadores. ¡Levantaos, vamos! Ya está cerca el que me entrega".

Todavía estaba hablando, cuando llegué yo al frente de un tropel de gente con espadas y palos. Me acerqué a él y le dije: "¡Rabbí!". Y le besé. Ellos le echaron mano y le apresaron. Entonces todos sus discípulos huyeron despavoridos.

Y yo, al pensar una y otra vez en el terrible pecado que había cometido, en lugar de arrepentirme como hizo Pedro y llorar mi horrendo delito, me desesperé y me ahorqué, colgándome de un árbol.

Actividades

 Analizamos el Evangelio

¿Cómo explicarías estas palabras de la oración de Jesús en el Huerto?: "¡Padre! Si es posible haz que se aleje de mi este cáliz; pero no sea lo que yo quiero, sino lo que quieres Tú".

¿Nos las podemos aplicar a nuestra propia vida? ¿Cuándo?

BIBLIA

"El Salvador sufre en Getsemaní"
Canal YouTube Iglesia de Jesucristo*

link

El beso de Judas

Podemos observar la imagen de Judas besando a Jesús:

¿Qué expresa un beso?
¿No es una muestra de confianza y de amor hacia la persona a la que se besa?

¿Cómo fue posible una traición tan tremenda? **Judas llegó a su traición poco a poco.** Del mismo modo que un edificio antiguo no se cae de golpe, sino que se arruina poco a poco, el terrible pecado de Judas fue el resultado de muchos pecados: primero, pequeños, que, bajo la instigación de Satanás, fueron haciéndose cada vez más grandes, hasta llegar a vender a su Señor por treinta monedas de plata.

También nosotros nos hacemos discípulos de Jesús poco a poco. Y, **si no ponemos el corazón, es decir todo nuestro amor, en Jesús, podríamos abandonarle también poco a poco.** Casi sin darnos cuenta, nos iríamos alejando de Él y podríamos llegar a cometer graves ofensas contra Dios y contra los demás.

Pero aún entonces, **Jesús estará siempre dispuesto a perdonarnos**, si le pedimos perdón con humildad, verdaderamente arrepentidos.

¡Rabbí!

el signo

Conversamos

¿Tuvo Judas algún aliado en su proyecto de traicionar a Jesús?

¿Quién instigaría a Judas al tomar la decisión de ahorcarse?

Nosotros no vamos a vender a Jesús por 30 monedas. Pero, ¿podríamos llegar a alejarnos de Jesús hasta el punto de negarle?

¿Conoces bien los 10 Mandamientos? (están en la página 90)

¡Celebramos!

Las tentaciones

La Iglesia nos enseña a rezar de muchos modos
contra las tentaciones del Maligno, que empujó a Judas a traicionar a Jesús.
Por ejemplo, en estas oraciones:

La oración del Padrenuestro

que nos enseñó Jesús termina con la petición: "Y líbranos del Mal". En esta petición, el mal no es algo abstracto, sino que designa una persona, Satanás, el Maligno, el ángel caído que se opone a Dios. El "diablo" es aquél que "se atraviesa" en el designio de Dios y su obra de salvación cumplida en Cristo. (CEC 2851).

Podemos rezar juntos la oración del Padrenuestro.

El Padrenuestro está en la página 89.

La Iglesia acude también de modo especial al
arcángel San Miguel para pedirle ayuda contra las
tentaciones del Maligno.
Podemos rezar ahora esta oración:

Oración al Arcángel San Miguel

Arcángel San Miguel,
defiéndenos en la batalla;
sé nuestro amparo
contra las asechanzas del demonio.
Y tú, príncipe de la milicia celestial,
arroja al infierno con el divino poder a
Satanás y a los otros espíritus malignos
que andan por el mundo buscando
la perdición de las almas.
Amén.

38

Estas actividades son para hacer conjuntamente los padres (o uno de ellos) con el hijo o la hija. No es difícil encontrar unos minutos para ayudarles en su formación cristiana.

Catequesis familiar

link

▶ "El Salvador sufre en Getsemaní"
Canal YouTube Iglesia de Jesucristo*

Id al apartado 1 de este tema y haced lo siguiente:

Leed juntos el texto.

Dialogamos sobre las preguntas que vienen debajo del dibujo de Judas.

¿Verdadero o falso?

Judas era un romano enemigo de Jesús.

VERDADERO ⬤   ⬤ FALSO

A Judas le gustaba mucho el dinero.

VERDADERO ⬤   ⬤ FALSO

Judas no era uno de los doce Apóstoles.

VERDADERO ⬤   ⬤ FALSO

Judas amaba más el dinero que a Jesús.

VERDADERO ⬤   ⬤ FALSO

Explica a tus padres lo que significa la frase final que se reza en el Padrenuestro: "Y líbranos del Mal".

Una pregunta difícil

¿Cómo explicarías a tu hijo/a el significado de las palabras que dijo Jesús en su oración en el Huerto de los Olivos?

¡Padre! Si es posible aparta de mí este cáliz, pero no sea lo que Yo quiero sino lo que quieres Tú.

SIMÓN PEDRO

OBJETIVO: Descubrir que el camino cristiano es largo y en él hay éxitos y fracasos, avances y retroces...

CATECISMO "Jesus es el Señor", tema 20 y 35.

el personaje

Mi nombre era Simón. Yo vivía en un pueblo junto al Mar de Galilea llamado Cafarnaún. Allí casi todos nos dedicábamos a la pesca y yo conocía bien mi oficio.

Un día, mi hermano Andrés me llevó a conocer a Jesús. Jesús me miró y me dijo: -"*Tú eres Simón; pero en adelante te llamarás Cefas*" – que significa: "Piedra"– (cf. Juan 1, 35-42).

Desde entonces seguí siempre a Jesús formando parte del grupo de sus doce Apóstoles. ¡Pero cuál fue mi sorpresa cuando un día **Jesús me escogió para que fuera su principal Apóstol!**

Le vi hacer grandes milagros: curar enfermos, dar vista a ciegos, resucitar a muertos... **Cada día le admiraba y le quería más.** Le seguía con verdadero entusiasmo.

Sin embargo, no siempre fui fiel a Jesús. Cuando le prendieron en el Huerto de los Olivos y le llevaron al palacio de Caifás, le traicioné como si nunca le hubiera conocido.

¿Cómo era Simón? Su oficio, su temperamento. Descríbele como te lo imaginas.

¿Por qué Andrés llevaría a Simón a conocer a Jesús?

¿Qué es lo que despertaría más interés en Simón al conocer a Jesús?

Las tres negaciones de Pedro

Como os decía, **yo era de natural entusiasta y apasionado.** Por eso, cuando nos anunció que sus enemigos le matarían en Jerusalén, yo le dije que eso no podía ser y Él me reprendió. En la Última Cena nos dijo que todos le abandonaríamos, pero yo protesté diciendo: "Aunque todos te abandonen, yo no te abandonaré". Jesús me respondió: **"Esta misma noche, antes de que el gallo cante, tú me habrás negado tres veces".**

Salimos de noche para ir al Huerto de los Olivos. Jesús se puso a rezar a su Padre y nos pidió que rezáramos con Él, pero nos quedamos dormidos. Más tarde, llegaron soldados romanos y algunos del templo, **se abalanzaron sobre él y le llevaron preso.**

Yo les seguí hasta el palacio de Caifás. Hacía frío y me puse junto al fuego para calentarme. **Una joven me reconoció** y dijo a los presentes: "Este es de los suyos, fijaos, habla como los galileos". **Yo juré por tres veces que yo no le conocía.** A la tercera negación, cantó el gallo. Yo me acordé de lo que me había dicho Jesús y, saliendo fuera, **comencé a llorar amargamente** por lo que había hecho.

Actividades

💬 Reflexionamos y dialogamos:

¿Qué significa ser una persona "apasionada"?

¿Era Pedro apasionado? ¿Cómo lo sabemos?

¿Por qué Pedro juró que no conocía a Jesús? ¿Fue lógica esta reacción de Pedro?

Palabra —de— Dios

"APACIENTA MIS OVEJAS"

Yo pensaba que Jesús nunca me perdonaría, pero estaba muy equivocado. No solo me perdonó sino que me confirmó como *pastor supremo* de sus ovejas.

La cosa sucedió después de su Muerte y su Resurrección y fue así:

Ese día habíamos salido al lago de Galilea para pescar. Pero en toda la noche no pescamos nada. Cuando estaba amaneciendo, un hombre nos gritó desde la orilla del lago: "¡Muchachos, echad la red a la derecha y encontraréis!". Era Jesús. Echamos la red como nos había dicho y la sacamos llenas de peces grandes.

Nos sentamos a comer con Él. Y al terminar, Jesús me preguntó por tres veces: "Simón, ¿me amas?". Yo le respondí que sí, pero cuando me lo preguntó por tercera vez me acordé de mis tres negaciones, se me saltaron las lágrimas y le respondí: "Señor, Tú lo sabes todo. Tú sabes que te quiero". Entonces Jesús me confirmó como pastor de toda su Iglesia: "Apacienta mis ovejas".

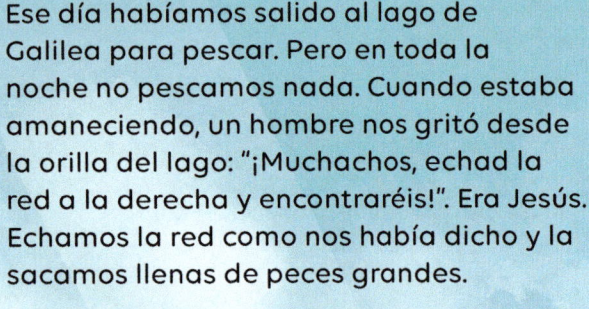

Actividades

✏️ Dibuja en primer plano un gallo cantado y, al fondo, a Pedro negando a Jesús.

el signo

Kikeriki

LAS LÁGRIMAS DE PEDRO

En el palacio de Caifás, ya de madrugada, **Jesús dirigió su mirada a Pedro nada más cantar el gallo.** Dice el evangelio que "el Señor se volvió y miró a Pedro" (Lucas 22, 61).

Aquella mirada penetrante del Señor conmovió el alma de Pedro. Había traicionado a su Señor y un gran arrepentimiento embargó su corazón. Por eso, saliendo fuera, en la soledad, rompió a llorar amargamente. *Ese llanto fue la salvación del Apóstol.* **Su pecado había sido muy grave, pero Pedro lo reconoció** y *sus lágrimas fueron el signo de su arrepentimiento.*

Gracias a esas lágrimas, pudo seguir al lado de Jesús. El camino de fe de Pedro fue largo y tortuoso, pero al final prevalecieron el arrepentimiento de Pedro y el perdón de Dios y su Amor.

Conversamos

Piensa y contesta:

¿De qué eran signo las lágrimas de Pedro?

¿Podemos nosotros negar a Jesús? ¿Cómo?

¿Qué hemos de hacer si alguna vez le negamos?

Aprendemos los números 71, 72, 73 y 41 del Catecismo "Jesús es el Señor"

¡Celebramos!

Recitamos el Salmo

El Señor es mi pastor

(Podemos hacerlo formando dos coros)

El Señor es mi pastor, nada me falta: / en verdes praderas me hace recostar;
me conduce hacia fuentes tranquilas / y repara mis fuerzas.
Me guía por el sendero justo, / por el honor de su nombre.
Aunque camine por cañadas oscuras, / nada temo, porque tú vas conmigo:
tu vara y tu cayado me sosiegan.
Preparas una mesa ante mí, / enfrente de mis enemigos;
me unges la cabeza con perfume, / y mi copa rebosa.
Tu bondad y tu misericordia me acompañan / todos los días de mi vida,
y habitaré en la casa del Señor / por años sin término.

APRENDEMOS

Señor mío, Jesucristo

Es una bella oración con la que podemos pedir perdón a Dios por nuestros pecados.
La rezamos juntos y la procuramos aprender pues nos será útil para el futuro.

Señor mío, Jesucristo, Dios y hombre verdadero,
Creador, Padre y Redentor mío, por ser Vos quién sois y porque
os amo sobre todas las cosas, me pesa de todo corazón haberos
ofendido; ayudado por vuestra divina gracia, propongo
firmemente nunca más pecar, apartarme
de todas las ocasiones de ofenderos, confesarme
y cumplir la penitencia que me fuera impuesta.
Amén.

44

Estas actividades son para hacer conjuntamente los padres (o uno de ellos) con el hijo o la hija. No es difícil encontrar unos minutos para ayudarles en su formación cristiana.

Catequesis familiar

¿Conoces bien los evangelios?

Explica a tus padres el dibujo respondiendo a estas preguntas:

¿Quién es el hombre del centro del dibujo?
¿Y quién es la mujer de la izquierda?
¿Y los dos personajes de la derecha?
¿Qué se escuchó antes de amanecer?
¿Cuál fue la reacción de Pedro?

¿Verdadero o falso?

Pedro era de oficio carpintero.

VERDADERO ☐   ☐ FALSO

Jesús le nombró jefe de sus Apóstoles.

VERDADERO ☐   ☐ FALSO

Negó a Jesús dos veces.

VERDADERO ☐   ☐ FALSO

Se arrepintió y lloró mucho sus pecados.

VERDADERO ☐   ☐ FALSO

Una pregunta difícil

¿Por qué san Pedro negó tres veces conocer a Jesús si sabía que Jesús era el Mesías y que además confiaba en él?

....
....
....
....
....
....
....
....
....
....
....
....
....
....
....

PONCIO PILATO

link

▶ "Flagelación y crucifixión"
Canal YouTube Iglesia de Jesucristo*

OBJETIVO: Comprender que ser cristiano exige dar la cara por Jesús, aunque nos cree problemas.
CATECISMO "Jesus es el Señor", tema 20.

el personaje

Mi nombre es Poncio Pilato y soy romano. En la época en que Jesús vivió entre nosotros **yo era una persona muy importante**, pues representaba al emperador de Roma en Judea. **Tenía un palacio en Jerusalén**, la capital del país del pueblo judío, famosa por su grandioso templo al que acudían los judíos a adorar a Dios.

Cuando se aproximada la gran fiesta de la Pascua, los jefes del pueblo judío acusaron a un tal Jesús de Nazaret de provocar revueltas contra Roma, y **me presionaron para que le condenara a muerte**. Solo yo tenía en Judea el poder de condenar a muerte.

Cuando le interrogué fui consciente de que no había cometido ningún crimen. Sin embargo, **fui un cobarde, y sabiendo que Él era inocente,** tuve miedo de enfrentarme con los acusadores. ¡Podía haberme costado mi puesto! Por eso, preferí lavarme las manos en aquel asunto, diciendo: **"Soy inocente de este crimen, allá vosotros".**

¿Era cierto que Jesús provocaba revueltas contra Roma?

¿Cuál fue la reacción de Poncio Pilato?

46

El juicio ante Pilato

Los dirigentes del pueblo judío trajeron a Jesús ante mi presencia y se pusieron a acusarlo, diciendo: «Hemos encontrado a este amotinando a nuestra nación, y oponiéndose a que se paguen tributos al César, y diciendo que Él es el Mesías rey».

Yo me dirigí a Jesús y le pregunté: «¿Eres tú el rey de los judíos?». Él me respondió: «Tú lo has dicho». Lo interrogué más a fondo y me di cuenta de que las acusaciones eran por envidia y por disputas de tipo religioso. Por eso les dije: «Me habéis traído a este hombre como agitador del pueblo; y resulta que lo he interrogado y no he encontrado en él ninguna de las culpas de las que lo acusáis. Así que le daré un escarmiento y lo soltaré».

Yo me sentía entre la espada y la pared. Me sentía muy presionado y sentía miedo de oponerme a los dirigentes religiosos judíos y a aquella multitud vociferante. Pero se me ocurrió una buena idea: ordenaría que lo flagelaran con fiereza y seguramente aquel castigo calmaría la furia de todos ellos.

Actividades

 Reflexionamos y dialogamos:

¿Sabéis qué son los respetos humanos?

¿Habéis sentido alguna vez miedo a dar la cara para defender la verdad?

¿Estaba justificado el miedo que sentía Pilato?

¿Era justo condenar a Jesús para evitarse un serio problema con los judíos?

Palabra —de— Dios

LA FLAGELACIÓN Y LA CORONACIÓN DE ESPINAS

Ordené que Jesús fuera flagelado. La flagelación era un castigo terrible. El flagelo romano se componía de un mango de madera del que salían tres correas de cuero en cuyas puntas cada correa tenía dos bolas de plomo. Di la orden de que fuera flagelado, pero sin llegar a matarle. Quería dejar a Jesús vivo para poder mostrarlo al pueblo y que este se compadeciera y se calmara.

Al terminar la flagelación, los soldados **pusieron en la cabeza de Jesús una corona de espinas** y le echaron por encima un manto color púrpura; y, acercándose a él, se inclinaban y decían: «¡Salve, rey de los judíos!». **Y le daban bofetadas.**

Al terminar aquella tortura ordené sacar afuera a Jesús y me senté en el tribunal. Y dije a los judíos: «He aquí a vuestro rey». Ellos entonces comenzaron a dar verdaderos alaridos gritando: **«¡Fuera, fuera; crucifícalo!».** Pilato les dijo: «¿A vuestro rey voy a crucificar?». Contestaron los sumos sacerdotes: «No tenemos más rey que al César».

Actividades

 Reflexionamos y dialogamos:

El profeta Isaías profetizó unos 600 años antes de estos hechos: *"Al ser maltratado, se humillaba y ni siquiera abría su boca: como un cordero llevado al matadero (...), Él no abría la boca (...). Y por sus llagas fuimos curados"* (Is 53, 4-7).

¿Cómo describirías y calificarías la conducta de Jesús en estos hechos?

Si hubieras podido decirle algo a Jesús, ¿qué le hubieras dicho?

el signo

PILATO SE LAVA LAS MANOS

Al ver Pilato que todo era inútil y que, al contrario, se estaba formando un tumulto, tomó agua y se lavó las manos ante la gente, diciendo: «**Soy inocente de esta sangre. ¡Allá vosotros!**».

Todo el pueblo contestó: «**¡Caiga su sangre sobre nosotros y sobre nuestros hijos!**». Y Pilato se lo entregó para que lo crucificasen.

Poncio Pilato quiso con un simple lavatorio de manos declararse inocente del más horrible crimen que se ha cometido en el mundo.

Y, seguidamente, escribió en una tablilla el motivo de la sentencia que debía colocarse en la cruz del suplicio: "**Jesús Nazareno, Rey de los judíos**". Los judíos no conformes con esta redacción le pidieron que la cambiara por otra que ellos le propusieron. Pero Pilato les contestó: "**Lo escrito, escrito está**".

Aprendemos

El Papa Francisco, en la Audiencia de agosto de 2019, recordó lo que dijeron los Apóstoles cuando fueron encarcelados en Jerusalén y juzgados ante el Sanedrín:

"**Hay que obedecer a Dios antes que a los hombres**" (Hechos 5, 29).

¿Pilato fue cobarde y obedeció a los hombres antes que a Dios?

Aprendemos el número 35 del Catecismo "Jesús es el Señor" ¿Recuerdas cuáles son los **tres primeros Mandamientos**? Vamos a repasarlos.

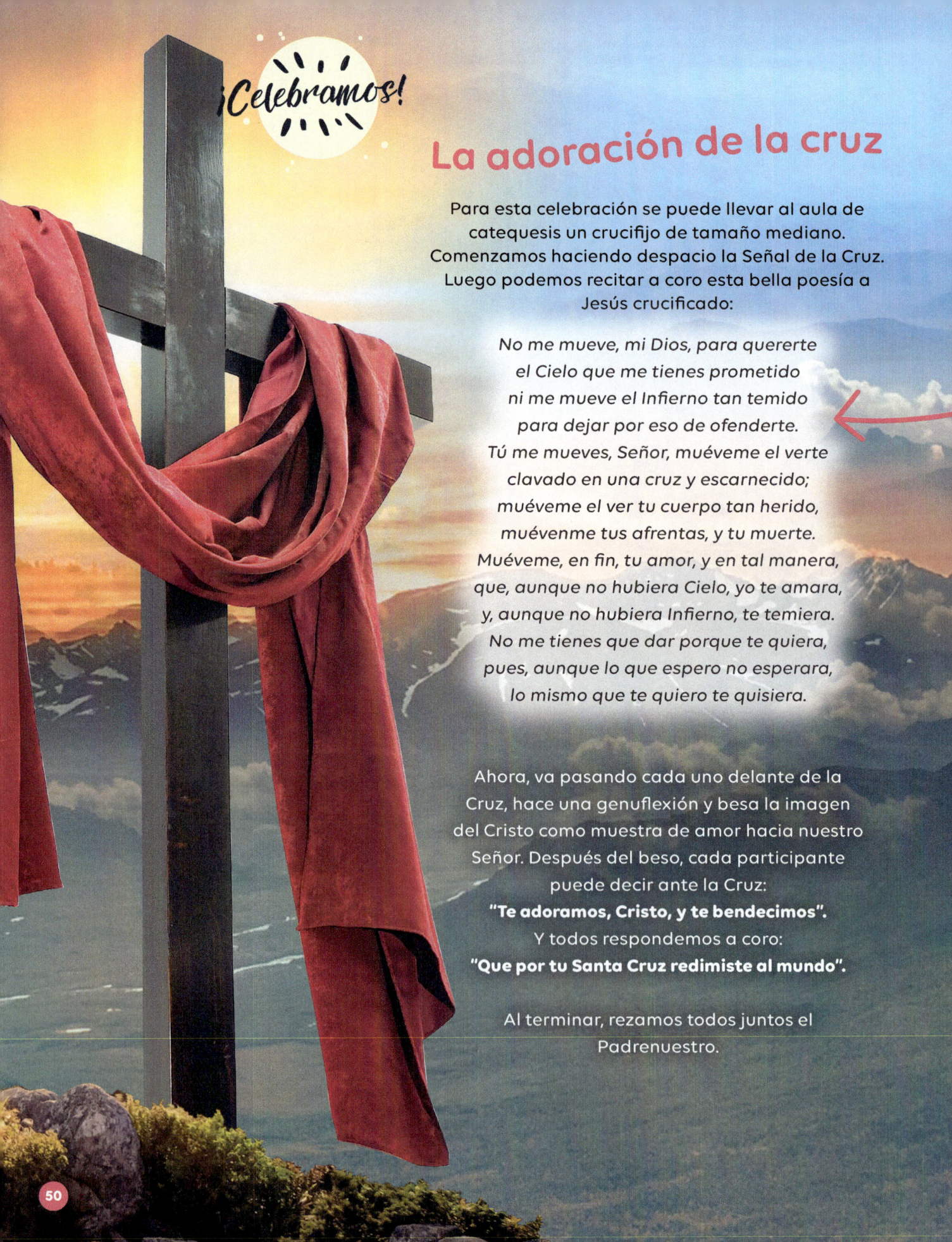

La adoración de la cruz

Para esta celebración se puede llevar al aula de catequesis un crucifijo de tamaño mediano. Comenzamos haciendo despacio la Señal de la Cruz. Luego podemos recitar a coro esta bella poesía a Jesús crucificado:

No me mueve, mi Dios, para quererte
el Cielo que me tienes prometido
ni me mueve el Infierno tan temido
para dejar por eso de ofenderte.
Tú me mueves, Señor, muéveme el verte
clavado en una cruz y escarnecido;
muéveme el ver tu cuerpo tan herido,
muévenme tus afrentas, y tu muerte.
Muéveme, en fin, tu amor, y en tal manera,
que, aunque no hubiera Cielo, yo te amara,
y, aunque no hubiera Infierno, te temiera.
No me tienes que dar porque te quiera,
pues, aunque lo que espero no esperara,
lo mismo que te quiero te quisiera.

Ahora, va pasando cada uno delante de la Cruz, hace una genuflexión y besa la imagen del Cristo como muestra de amor hacia nuestro Señor. Después del beso, cada participante puede decir ante la Cruz:
"Te adoramos, Cristo, y te bendecimos".
Y todos respondemos a coro:
"Que por tu Santa Cruz redimiste al mundo".

Al terminar, rezamos todos juntos el Padrenuestro.

Catequesis familiar

Rezamos

Hacemos la señal de la Cruz y recitamos juntos esta oración.

link

"Flagelación y crucifixión"
Canal YouTube Iglesia de Jesucristo*

¿Conoces bien los evangelios?

Para explicar a tus padres el dibujo, responde a estas preguntas que ellos te van a hacer:

¿Qué representa el dibujo?
¿Quién es el hombre del centro del dibujo?

¿Y quién es personaje de la izquierda?

¿Y los dos hombres de la derecha qué papel tuvieron?

¿Cómo acabó este suceso?

¿Cuál fue la reacción final de Pilato?

Una pregunta difícil

Jesús era todopoderoso y podía haberse liberado de aquellos tormentos.
¿Por qué no lo hizo?

....
....
....
....

SIMÓN EL CIRENEO

"Simón de Cirene"
Canal Youtube NTKids

OBJETIVO: Que el niño aprenda a llevar su cruz de cada día y ayudar a los demás a llevar la suya.
CATECISMO "Jesus es el Señor", tema 20.

Yo me llamó Simón; me llaman el Cireneo pues procedo de la ciudad de Cirene. Soy de oficio labrador y vivo en Jerusalén. **Os voy a contar cómo fue mi inesperado encuentro con Jesús.**

Yo volvía a Jerusalén con la azada al hombro, una vez concluido mi trabajo en el campo. Acababa de entrar por una de las puertas de la ciudad cuando me encontré con un desfile siniestro. **Llevaban a tres hombres para crucificarlos.** Me quedé de piedra mirando aquel cortejo. Sobre todo me impresionó el hombre que portaba sobre sus hombros la cruz más pesada. Su rostro estaba desfigurado por los golpes y por la corona de espinas que llevaba clavada en la cabeza.

Entonces le reconocí: ¡Era Jesús, el carpintero de Nazaret! Alguna vez le había visto y escuchado. De pronto, **Jesús cayó al suelo casi a mis pies**, desfallecido bajo el peso de la enorme Cruz. Estaba medio muerto. Tenía el rostro cubierto de sangre. Un soldado me ordenó enérgicamente que ayudara a Jesús a llevar la Cruz. **Yo, al principio, me rebelé, pero no tenía otra opción.**

el personaje

¿Qué le impresionó más a Simón cuando vio a Jesús?

¿Por qué el soldado le eligió precisamente a él para ayudar a Jesús?

¿Dónde estaban Pedro y los demás Apóstoles?

Simón de Cirene ayuda a Jesús a llevar la Cruz

El Centurión que mandaba el cortejo se había dado cuenta de que Jesús estaba destrozado, y tuvo miedo de que se les muriera en el camino. Por eso, al verme cerca, dio orden a un soldado de que me obligara a cargar con la Cruz. **Protesté, porque me repugnaba cargar con aquella Cruz** que veía como una deshonra, ya que comportaba participar de alguna manera en la condena del reo. Además, me sentía muy fatigado por el duro trabajo realizado en el campo.

Pero el soldado me amenazó con el látigo. Yo sabía que era muy peligroso desobedecer a un militar, pues podía ser apaleado allí mismo. Comprendí que ninguna de esas razones serviría para nada.

Por eso, obedecí la orden y **haciendo un gran esfuerzo, cogí el palo horizontal de la Cruz y eché a andar** junto al reo que ya se había levantado del suelo. Ya veis que no cargué con la Cruz de modo voluntario sino obligado.

Argumenta

Reflexionamos y dialogamos:

¿Tenía razones Simón de Cirene para negarse a coger la cruz de Jesús?

¿Por qué enseguida aceptó llevar la Cruz?

¿Agradecería Jesús que Simón le ayudase a llevar la Cruz? ¿Cómo lo haría?

LLEGADA AL MONTE CALVARIO

De este modo, seguimos caminando hasta el lugar del suplicio, llamado monte Calvario, que estaba ya muy cerca.

Poco después de llegar al lugar, me vino a la mente como una inspiración: me di cuenta de que en verdad cargar con aquella Cruz no había sido una desgracia, sino que había sido un afortunado. Recordé que algunos pensaban que Jesús podía ser el Mesías anunciado por los profetas, y yo le había ayudado a cargar con una Cruz que Él portaba para pagar por los pecados del mundo. Por eso, me sentí afortunado al poder colaborar con Jesús en su obra de Salvación.

Gracias a mi ayuda, Jesús pudo llegar al Calvario y morir allí clavado en la Cruz por la salvación de todos los seres humanos. Y gracias a Él, mis dos hijos, Alejandro y Rufo, convertidos a la fe, gozaron de una consideración especial entre los primeros cristianos de Jerusalén.

La Cruz es desde entonces en todo el mundo el símbolo más conocido y honrado de la salvación obrada por Jesucristo.

Actividades

 Reflexionamos y dialogamos:

¿Al llegar al Calvario Simón de Cirene se sentía desgraciado o afortunado?

Explica los motivos de ello. ¿Cuál te parece el principal?

¿Le diría algo Jesús a Simón? ¿Cómo le miraría después desde la Cruz?

el signo

LA SEÑAL DE LA CRUZ

La Santa Cruz es la señal del cristiano porque en ella hemos sido salvados y liberados por Cristo de nuestros pecados. Por eso podemos exclamar: ¡Bendita sea la Santa Cruz! Los cristianos hacemos con frecuencia la señal de la Cruz cuando nos signamos o nos persignamos.

APRENDEMOS

Signarse

es hacer **una cruz** sobre nuestro cuerpo: de la frente al pecho y del hombro izquierdo al hombro derecho, mientras decimos:

"En el nombre del Padre y del Hijo y del Espíritu Santo. Amén".

Persignarse

es hacer **tres cruces**: la primera sobre la frente; la segunda sobre los labios; y la tercera sobre el pecho; diciendo a la vez:
"Por la señal de la santa Cruz,
(cruz en la frente)
de nuestros enemigos
(cruz en los labios)
líbranos, Señor, Dios nuestro.
(cruz en el pecho)
En el nombre del Padre, y del Hijo y del Espíritu Santo. Amén".

Aprendemos

☆ Hacemos **propósitos**:

Decimos cosas que cuestan y que podemos **ofrecer por amor** a Jesús y a los demás.

Cuando amamos la Santa Cruz nos parecemos a Jesús y somos discípulos suyos.

Aprendemos el número 7 del Catecismo "Jesús es el Señor"

¡Celebramos!

Celebramos la Semana Santa

En algunos días de la Semana Santa los **cristianos recordamos los sufrimientos que ofreció Jesús por cada uno de nosotros** en su Pasión y Muerte para ganarnos el Cielo.

En muchos lugares salen procesiones con "pasos" que representan diversas escenas de la Pasión que Jesús sufrió y ofreció por nosotros hasta su muerte en la Cruz.

En estos días nosotros también podemos ofrecer nuestras "cruces". Algunas pueden ser grandes: una enfermedad, niños con necesidades diversas, dificultades económicas en la familia…Y otras pequeñas: las "cruces" de cada día…

Rezamos este Salmo
que nos recuerda a Simón de Cirene:

Dichoso el que cuida del pobre y desvalido;
en el día aciago lo pondrá a salvo el Señor.
El Señor lo guarda y lo conserva en vida,
para que sea dichoso en la tierra,
y no lo entrega a la saña de sus enemigos.
Bendito el Señor, Dios de Israel,
ahora y por siempre.
Amén, amén.

(Salmo 41, 2-3.14)

56

Estas actividades son para hacer conjuntamente los padres (o uno de ellos) con el hijo o la hija. No es difícil encontrar unos minutos para ayudarles en su formación cristiana.

Catequesis familiar

Rezamos

Hacemos la señal de la Cruz y recitamos juntos este salmo.

link

▶ "Hacer la Señal de la Cruz"
© Editorial Casals

¿Conoces bien los evangelios?

Para explicar a tus padres el dibujo, lee con ellos el texto de la página 49 y responde:

¿Qué representa el dibujo?

¿Quién es el hombre que está ayudando a Jesús a llevar la Cruz?

¿Le costó a Simón ayudar a Jesús a llevar la Cruz?

Para explicar el final del relato debes leer a tus padres el texto de la página 50.

Sopa de letras

¿Dónde había nacido Simón?
¿Qué oficio tenía?
¿Quién mandaba en esa comitiva?
¿A quién ayudó Simón?
¿Adónde se dirigían?
¿Con qué peso cargó Simón?

C	I	R	E	N	E
E	C	O	S	A	Y
N	A	D	R	S	U
T	L	A	N	C	K
U	V	R	G	R	S
R	A	B	F	U	U
I	R	A	S	Z	S
O	I	L	T	E	E
N	O	G	I	O	J

DIMAS, EL BUEN LADRÓN

OBJETIVO: Que el niño comprenda que, si pedimos perdón a Dios, Él siempre nos perdona.

CATECISMO "Jesus es el Señor", tema 11 y 20.

> **¡Hola! Yo soy Dimas**, me llaman el buen ladrón, y ... **¡¡¡estoy en el cielo!!!**

No ha sido por mis méritos, sino por la misericordia de Dios. **Os voy a relatar como sucedió todo**: de niño yo iba a la sinagoga y allí escuché la Palabra de Dios y aprendí los mandamientos. Sin embargo, al hacerme mayor me convertí en un criminal.

Un día me cogieron junto a mi compañero Gestas y nos metieron en la cárcel. **Fuimos juzgados y nos condenaron a morir en una cruz.** Mi ejecución fue en el mismo lugar, el mismo día y a la misma hora que la de Jesús.

Estando ya en la cruz recibí una luz de Dios, pues **me di cuenta de que me había portado muy mal**. Entonces me conmovió oír cómo Jesús pedía a Dios que perdonara a nuestros verdugos. Eso me hizo llenarme de esperanza, pues **entendí que Él podía perdonarme todo, y le pedí perdón**. Él me miró con un amor infinito y me prometió solemnemente que ese mismo día me llevaría al Cielo con Él. Y así fue.

el personaje

¿Cómo puede una persona cambiar y pasar de buena persona a mala persona?

¿Cuándo se dio cuenta Dimas de que se había portado muy mal? ¿Qué hizo entonces?

Llegada al monte Calvario y crucifixión

Llegamos al Calvario. Este nombre significa "lugar de las calaveras"; era llamado así porque allí tenía lugar el suplicio de la crucifixión y, a veces, algunos cadáveres quedaban allí abandonados y los huesos esparcidos.

Primero, despojaron a Jesús de sus vestiduras y le echaron de espaldas sobre la cruz que estaba tumbada en el suelo. Después, le clavaron las manos y los pies con unos clavos largos que desgarraban la carne y los tendones causando dolores espantosos.

Prepararon también nuestras dos cruces y luego nos pusieron sobre ellas y nos sujetaron fuertemente con cuerdas. Cuando acabaron estos preparativos, levantaron las tres cruces en alto mediante unas largas cuerdas y quedaron nuestros cuerpos suspendidos: el de Jesús por los clavos y los nuestros por las cuerdas.

Argumenta

💬 Leemos despacio y comentamos estas palabras de Isaías:

"Pero Él fue traspasado por nuestras rebeliones, triturado por nuestros crímenes. Nuestro castigo saludable cayó sobre Él, y en sus llagas hemos sido curados".

¿Qué significan estas palabras?

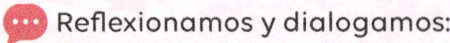

"HOY ESTARÁS CONMIGO EN EL PARAÍSO"

Una vez en alto, Gestas se retorcía de dolor y profería insultos y blasfemias contra Jesús. Yo también al principio blasfemaba. Luego, me llené de asombro cuando, en medio de los insultos de sus enemigos y de la gente, Jesús dijo: "Padre, perdónalos, porque no saben lo que hacen".

Esto me sorprendió tanto, que pensé que era un profeta. Entonces recriminé a mi compañero y le dije: "Nosotros sufrimos por nuestra culpa; pero este, ¿qué mal ha hecho?".

Luego, volví mi mirada hacia Jesús y le supliqué: "Señor, ¡acuérdate de mí cuando llegues a tu Reino!". Jesús me respondió: "En verdad te digo que hoy estarás conmigo en el Paraíso".

Actividades

💬 Reflexionamos y dialogamos:

¿Por qué a Dimas le sorprendió tanto la súplica de Jesús: "Padre, perdónalos, porque no saben lo que hacen"?

¿Qué sentiría Dimas en su corazón aquel momento que le llevó a suplicar a Jesús que se acordara de él en su Reino?

el signo

JESÚS CRUCIFICADO ENTRE DOS LADRONES

Los dos ladrones, uno a cada lado de la Cruz, son como un **signo para la Humanidad**:

El buen ladrón representa a los que, después de una vida de pecado, se arrepienten de todos ellos, piden perdón a Dios y se convierten al inmenso Amor de Jesús que se nos manifestó sobre todo en su Pasión y Muerte.

El mal ladrón representa a los que rechazan a Jesús, se empeñan en desobedecer sus enseñanzas, a veces, en insultar a Dios y negarle incluso hasta el final de su vida.

Nunca es demasiado tarde para cambiar de vida. Nunca, tampoco, hay que dar a nadie por perdido, incluso si se está muriendo y parece que no quiere arrepentirse.

Rezamos juntos

Jesús, Señor de mi vida
que en la Cruz estáis por mí.
En la vida y en la muerte
tened compasión de mí.

Hacemos muy despacio la señal de la Cruz.

Aprendemos los números 7 y 35 del Catecismo "Jesús es el Señor"

Recitamos estos Salmos

Recitamos parte del Salmo 51, llamado Salmo Miserere
Lo compuso el rey David después de su grave pecado.

Misericordia, Dios mío, por tu bondad, por tu inmensa
compasión borra mi culpa;
Lava del todo mi delito, limpia mi pecado.
Pues yo reconozco mi culpa, tengo siempre presente mi pecado.
Contra ti, contra ti solo pequé, cometí la maldad en tu presencia.

Recitamos parte del Salmo 32 (Poema del rey David)

"Dichoso el que está absuelto de su culpa,
a quien le han sepultado su pecado;
dichoso el hombre a quien el Señor
no le apunta el delito y en cuyo espíritu no hay engaño.
Había pecado, lo reconocí,
no te encubrí mi delito.
Propuse: «Confesaré al Señor mi culpa»,
y tú perdonaste mi culpa y mi pecado".

Estas actividades son para hacer conjuntamente los padres (o uno de ellos) con el hijo o la hija. No es difícil encontrar unos minutos para ayudarles en su formación cristiana.

Catequesis familiar

Rezamos

Hacemos la señal de la Cruz y recitamos esa parte del Salmo 51.

link

"Hacer la Señal de la Cruz"
© Editorial Casals

¿Conoces bien los evangelios?

Para explicar a tus padres el dibujo, lee con ellos el texto de esa página y responde:

¿Quiénes son esos hombres?

¿Qué frase dijo Jesús que llenó de asombro a Dimas?

¿Qué le dijo Dimas a Jesús?

¿Qué le respondió Jesús?

La historia de Dimas

De niño aprendí los

Pero de mayor fui un

Fui condenado a

en una

el mismo día que murió

Mi compañero insultaba a

Yo en cambio le pedí

¿Dónde está ahora el buen ladrón?

SAN JUAN APÓSTOL

OBJETIVO: Que el niño perciba que Jesús entregó a su Madre a san Juan y, por eso, María es nuestra Madre.

CATECISMO "Jesus es el Señor", tema 9 y 20.

Mi nombre es Juan. Desde muy joven me dediqué a la pesca en el lago de Galilea. Siempre tuve inquietudes religiosas. Por eso, cuando supe que cerca de allí mucha gente iba al río Jordán para ser bautizada por Juan el Bautista, comencé a ir a escucharle y me hice discípulo suyo.

Un día que estaba con él, vimos que venía hacia nosotros un hombre joven. Cuando estaba cerca, el Bautista dijo: "Este es el Cordero de Dios"; de inmediato me di cuenta de que hablaba del Mesías, le seguí, y ya no me separé el Él ni un instante.

Durante los tres años que Jesús predicó, procuraba estar siempre en primera fila para no perderme ni una palabra. Tuve la suerte de estar a su lado cuando en las bodas de Caná convirtió el agua de varias tinajas en un vino delicioso. También estuve muy cerca en la Última Cena y el día de su Muerte en la Cruz.

¿Qué edad tendría Juan cuando Jesús le llamó? ¿Cómo os imagináis que era?

En el relato anterior hay tres momentos de máxima importancia. ¿Cuáles son?

El discípulo amado

Varias veces empleé en mi evangelio la expresión "el discípulo al que Jesús amaba" sin mencionar mi nombre.

Una muestra de esta predilección fue cuando Jesús quiso que me sentara a su lado en la última Cena. En esa noche me permitió inclinar la cabeza sobre su pecho y sentir los latidos de su Corazón lleno de Amor hacia todos los seres humanos de todos los tiempos, por los que pronto iba a entregar su vida por Amor.

Yo percibí entonces una verdad profundísima: que Dios es amor y, por tanto, todo lo hace por amor y con amor. Por eso en mi primera carta dejé escrito este mensaje: "Dios es Amor y en esto se manifestó su Amor: en que nos amó y nos envió a su Hijo para que recibiéramos por Él la vida".

Actividades

💬 Reflexionamos y dialogamos:

¿Qué significa la frase "el discípulo al que Jesús amaba"?

¿Cómo explicarías la definición que da san Juan de Dios: "Dios es Amor"?

Palabra -de- Dios

"¡AHÍ TIENES A TU MADRE!"

Durante la Pasión de Jesús, cuando los demás habían huido, fui yo el único de los doce que estuvo en el monte Calvario muy cerca de la Virgen María, junto a la Cruz de Jesús.

En ese momento, Jesús volvió a tener una muestra de predilección conmigo. Faltaba ya muy poco para entregar su vida, encargó a su Madre que me tuviera como verdadero hijo. Se lo dijo con estas palabras: "Mujer, ahí tienes a tu hijo". Luego, se dirigió a mí y me dijo: "Ahí tienes a tu madre". Y desde aquella hora, la recibí en mi casa como a mi verdadera Madre y en adelante siempre la traté como tal.

La Virgen, por su parte, recibió de Jesús el encargo de considerarme a mí como su verdadero hijo. María entendió que Jesús no sólo le entregaba a un hijo sino que en mí le entregaba como hijos a todos los que serían discípulos de Jesús a lo largo de los siglos. María nos ama y cuida como verdadera Madre. Ese es el "testamento" que Jesús le dejó y por eso para Ella tiene tanta importancia amarnos y cuidar de cada uno de nosotros.

Actividades

💬 Reflexionamos y dialogamos:

¿Por qué solo san Juan estuvo junto a la Cruz de Jesús?

¿Dónde estaban los demás Apóstoles?

¿Qué significan las palabras que Jesús dijo en la Cruz a la Virgen María y a san Juan?

SAN JUAN Y LA PUREZA DE CORAZÓN
(Mandamientos 6° y 9°)

Cuando comencé a seguir a Jesús me sentí atraído por unas palabras suyas que me calaron en lo más hondo: *"Bienaventurados los limpios de corazón porque ellos verán a Dios."* Entonces entendí que para llegar a ver a Dios era necesario tener un corazón puro, lleno de un amor limpio y generoso.

Donde mejor vi reflejada la pureza de corazón fue en los ojos de Jesús, en su mirar amabilísimo tan semejante al de su Madre. Comprendí que esa pureza era el reflejo de su corazón en el que latía el Amor de Dios hacia todos. Por eso, durante la Cena, cuando Jesús bendijo el Pan para darnos su Cuerpo y el vino para darnos su Sangre, sentí el impulso de apoyar mi cabeza en su pecho para sentir los latidos de su corazón. Esa noche sentí latir el corazón de Dios.

Años después, cuando leí las palabras de Pablo -*"¿no sabéis que sois templo de Dios y que el Espíritu Santo habita en nosotros?"* (1 Corintio 3,16)- comprendí aún mejor la grandeza del mandamiento de Dios que nos pide amar al Señor con todo nuestro corazón, con toda nuestra alma, con todas nuestras fuerzas (también con todo nuestro cuerpo). Por eso Jesús nos enseñó a tratar nuestro cuerpo con todo respeto, delicadeza y pureza. Porque solo un corazón limpio y puro puede "ver a Dios".

el signo

EL SECRETO PARA VIVIR LA SANTA PUREZA

Pide a la Virgen María:
Querida Madre, ayúdame a vivir la virtud de la pureza para mantener mi cuerpo y mi corazón limpios en pensamientos, palabras y obras (Mandamientos 6° y 9°).

Actividades

Rezamos a la Virgen Inmaculada esta bella oración:

Bendita sea tu pureza
y eternamente lo sea;
pues todo un Dios se recrea
en tan graciosa belleza.

A ti, celestial Princesa,
Virgen sagrada María,
yo te ofrezco en este día
alma, vida y corazón;
mírame con compasión,
no me dejes, Madre mía.

Aprendemos los números 25, 26, 76, 77 y 78 del Catecismo "Jesús es el Señor"

El culto a la Virgen María

¡Celebramos!

Salve Regina

Es una oración de súplica a Santa María Reina y Madre, que todo lo puede, pidiéndole su auxilio y su protección.

Dios te salve, Reina y Madre de Misericordia,
vida, dulzura y esperanza nuestra;
Dios te salve.
A ti llamamos los desterrados hijos de Eva;
a ti suspiramos, gimiendo y llorando,
en este valle de lágrimas.
Ea, pues, Señora, abogada nuestra,
vuelve a nosotros esos tus ojos misericordiosos,
y, después de este destierro,
muéstranos a Jesús, fruto bendito de tu vientre.
¡Oh clementísima, oh piadosa,
oh dulce Virgen María!

El Santo Rosario

La oración del Santo Rosario es **"la oración que más le gusta a la Virgen María"** (Juan Pablo II). En ella rezamos el Padrenuestro y recordamos en cada Avemaría el saludo angélico que trajo la Salvación de Jesucristo al mundo. Y, a la vez, vamos considerando las escenas de la vida del Señor y de nuestra Madre. Sor Lucia de Fátima dijo que el Rosario es "el Evangelio de los pobres, de los humildes".

HACEMOS UN PROPÓSITO:

Rezar cada día, si es posible en familia, al menos una oración a la Virgen María pidiéndole por una intención concreta.

* Tienes más oraciones a la Virgen María en las páginas 89 y 90.

Los discípulos de Jesús veneramos y honramos a nuestra Madre la Virgen María de muchas maneras. Veamos algunas oraciones marianas:

68

Estas actividades son para hacer conjuntamente los padres (o uno de ellos) con el hijo o la hija. No es difícil encontrar unos minutos para ayudarles en su formación cristiana.

Catequesis familiar

Dibuja

Dibuja el rostro del **apóstol Juan** tal como te lo imaginas (puedes consultar las imágenes de san Juan que aparecen en el libro).

¿Conoces bien los evangelios?

"Un mandamiento

os doy: que os

unos a otros como

os he

".

Sopa de letras

Resuélvelo con tus padres.

Lago en el que pescaba Juan.

Fue primero discípulo de otro Juan.

Acompañó a Jesús a unas bodas.

Y en el Calvario estuvo junto a...

Escribió sobre el principal mandamiento.

Oración que se reza a la Virgen María.

R	B	E	S	D	S	C
G	A	L	I	L	E	A
S	U	O	R	S	V	N
F	T	M	A	R	I	A
D	I	R	G	N	D	S
S	S	A	L	V	E	B
N	T	V	D	W	E	C
M	A	M	O	R	V	S

EL CENTURIÓN ROMANO

OBJETIVO: Descubrir que cerca de nosotros hay personas buenas de otra religión que hemos de tratar con afecto.

CATECISMO "Jesus es el Señor", tema 20.

Yo soy un centurión, o sea, un oficial del ejército romano. En la época en la que Jesús vivió entre nosotros, mi trabajo consistía en **proteger la seguridad del gobernador Poncio Pilato** los días que estaba en la "Torre Antonia" de Jerusalén.

Para mí, lo único importante era obedecer al César de Roma y **siempre procuré ser un hombre bueno y trabajador**, cumplidor fiel de mis obligaciones, pero no conocía al verdadero Dios ni sabía nada de Jesús, pues no me encontraba entre sus seguidores.

Cuando Pilato condenó a Jesús a morir en la cruz, me tocó a mí organizarlo todo, por lo que **fui quien lo condujo hasta el Calvario** y, posteriormente, **fui testigo de su muerte** en la Cruz y cumplí la orden de Pilatos de entregar su cadáver a dos amigos suyos para que le dieran sepultura.

¿En qué consistía el trabajo de un centurión? ¿Por qué nuestro personaje no era discípulo de Jesús?

Explica qué quiere decir que el centurión fue "testigo" de la muerte de Jesús en la Cruz.

el personaje

La Torre Antonia y el Calvario no estaban lejos, pero la justicia romana exigía que los condenados pasaran por donde había mucha gente, **para que les sirviera de escarmiento**. Por eso tuvimos que andar casi un kilómetro. Como yo iba montado a caballo al lado de Jesús, me di cuenta de que en cualquier momento podía morirse, ya que había sido torturado cruelmente antes de cargarle con la cruz.

Cuando llegamos al Calvario, mis soldados **clavaron a Jesús en la cruz** al lado de dos ladrones y los levantaran a la vista de todos. Jesús murió bastante pronto.

Como los otros dos crucificados tardaban más en morir, los soldados, que tenían prisa por terminar, **les rompieron las piernas**, según la costumbre. A Jesús no, porque ya estaba muerto. **Uno de los soldados le clavó una lanza en su costado**. Me impresionó mucho que de esa gran herida brotó un chorro de sangre y agua.

Palabra de Dios

Actividades

💬 **Reflexionamos** y dialogamos:

¿Por qué crees que Jesús murió antes que los dos ladrones?

¿Alguno sabe lo que significa el agua y la sangre que brotó del costado de Cristo?

Palabra
-de-
Dios

Yo no conocía a Dios, pero siempre supe distinguir lo bueno de lo malo. Durante todo el proceso de Jesús me di cuenta de que no era ningún malhechor y que lo sufría todo sin protestar. Lo que más me llamó la atención fueron las palabras que dirigió a Dios en la Cruz rogándole que nos perdonara a todos nosotros pues no sabíamos lo que estábamos haciendo.

Entonces recordé algo que había escuchado tiempo atrás: Me contaron que un centurión de Cafarnaún le pidió a Jesús que curara a uno de sus criados y Él lo hizo. Además, Jesús alabó la fe de este hombre. Por eso, cuando murió Jesús no pude menos de decir muy convencido: "Este hombre era hijo de Dios".

Entonces comprendí que también hay gente buena entre los que no son cristianos ni creyentes y que Dios puede servirse de su honradez y buen comportamiento para darles el don de la fe.

Actividades

💬 Reflexionamos y dialogamos:

¿Conoces a alguien próximo a ti que no sea cristiano?

¿Cómo podrías ayudarle a que conozca mejor a Jesús?

72

el signo

EL AGUA Y LA SANGRE DEL COSTADO DE CRISTO

Nuestro personaje nos ha contado que para asegurarse de que Jesús estaba muerto, **un soldado le clavó una lanza en el costado** y le atravesó el corazón. Inmediatamente brotó **sangre y agua** del Corazón de Jesucristo a través de esa terrible herida.

Para los cristianos, **esa agua es símbolo del Bautismo**, por el que nacemos a la vida de la gracia, pues el Bautismo nos hace hijos de Dios.

La sangre que brotó del costado de Jesús es un signo que nos hace ver **cómo entregó su vida por nosotros** hasta "la última gota de sangre". Es decir, nos dio todo su ser, toda su vida, todo su amor. **Este Amor infinito de Jesús por cada uno de nosotros se renueva cada vez que se celebra la Eucaristía.**

APRENDEMOS

El agua del costado de Cristo simboliza el Bautismo y su Sangre derramada, la Eucaristía.

Recitamos esta bella oración

Alma de Cristo, santifícame.
Cuerpo de Cristo, sálvame.
Agua del costado de Cristo, lávame.
Pasión de Cristo, confórtame.
¡Oh, buen Jesús! Óyeme.
Dentro de tus llagas, escóndeme.

No permitas que me aparte de ti.
Del maligno enemigo, defiéndeme.
En la hora de mi muerte, llámame.
Y mándame ir a ti.
Para que con tus santos te alabe
por los siglos de los siglos. Amén.

Aprendemos el número 35 del Catecismo "Jesús es el Señor"

Rezamos juntos por los que aún no conocen a Dios

"Padre nuestro, tu hijo unigénito Jesucristo resucitado de ente los muertos encomendó a sus discípulos el mandato de "id y haced discípulos a todas las gentes".

Tú nos recuerdas que a través de nuestro Bautismo somos hijos de Dios y partícipes de la misión de la Iglesia en el mundo.

Por los dones de tu Santo Espíritu, concédenos la gracia de ser testigos del Evangelio, valientes y tenaces.

Ayúdanos a hacer que todos los pueblos puedan experimentar el amor salvífico y la misericordia de Jesucristo, que siendo Dios vive y reina contigo, en unión con el Espíritu Santo, por los siglos de los siglos. Amén."

Estas actividades son para hacer conjuntamente los padres (o uno de ellos) con el hijo o la hija. No es difícil encontrar unos minutos para ayudarles en su formación cristiana.

Catequesis familiar

Contesta

¿A quién obedecía este centurión?

¿Cuál fue su papel en la muerte de Jesús?

¿Cuál sería su religión?

¿Qué dijo al ver morir a Jesús en la Cruz?

Jesús dio su vida por todos los seres humanos. ¿También por ese centurión?
Explícalo:

JOSÉ DE ARIMATEA

link

"Jesús es colocado en un sepúlcro"
Canal Youtube Iglesia de Jesucristo*

OBJETIVO: Que el niño comprenda que Jesús murió verdaderamente y fue enterrado en un sepulcro.

CATECISMO "Jesus es el Señor", tema 20.

Me llamo José de Arimatea y fui un discípulo de Jesús, pero a escondidas.

Yo era miembro del **Sanedrín**, es decir, pertenecía al grupo de personas que dirigían **la vida religiosa del país**. Era considerado un **hombre importante** y tenía una buena posición económica.

Desde que conocí a Jesús y vi algunos de sus milagros, **creí en Él** convencido de que era el Mesías que esperaba el pueblo de Israel. Sin embargo, al ver que mis compañeros del Sanedrín lo tenían por un impostor y lo odiaban, **comencé a sentir temor** de que se enemistaran conmigo e, incluso, de que me expulsaran del Sanedrín.

Además, como bien sabéis, fueron los miembros del Sanedrín quienes al final condenaron a Jesús a morir en la Cruz, aunque el día que se votó esta decisión yo no me encontraba presente. Desde luego, si hubiera estado allí **habría votado en contra**.

el personaje

¿Porqué nuestro personaje ocultaba su amistad con Jesús?

¿Piensas que un niño o niña de tu edad podría tener miedo a ser conocido como cristiano/a? ¿Por qué?

Palabra de Dios

El cuerpo de Jesús es bajado de la Cruz

Los jefes de los judíos planeaban **enterrar el cuerpo de Jesús en una fosa común**, que era la utilizada para sepultar a los malhechores que morían crucificados. Al saberlo, se me partió el alma de pena y armándome de valor, pedí audiencia a Poncio Pilato y le **pedí el cuerpo sin vida de Jesús para darle una digna sepultura**. Le expliqué que hacía poco tiempo yo había comprado un sepulcro nuevo muy cerca del Calvario y quería sepultar allí el cuerpo de Jesús.

Pilatos me escuchó y como yo era un hombre importante no me lo negó, aunque quiso asegurarse primero de que realmente estaba muerto. Llamó al centurión que había presenciado su muerte y este se lo confirmó. De vuelta al Calvario, **con mucho cariño fuimos bajando de la Cruz el cuerpo de Jesús** entre Nicodemo, que también era amigo suyo, el apóstol Juan y yo. María y otras santas mujeres nos ayudaban. **Luego limpiamos su cuerpo** ensangrentado lo mejor que pudimos.

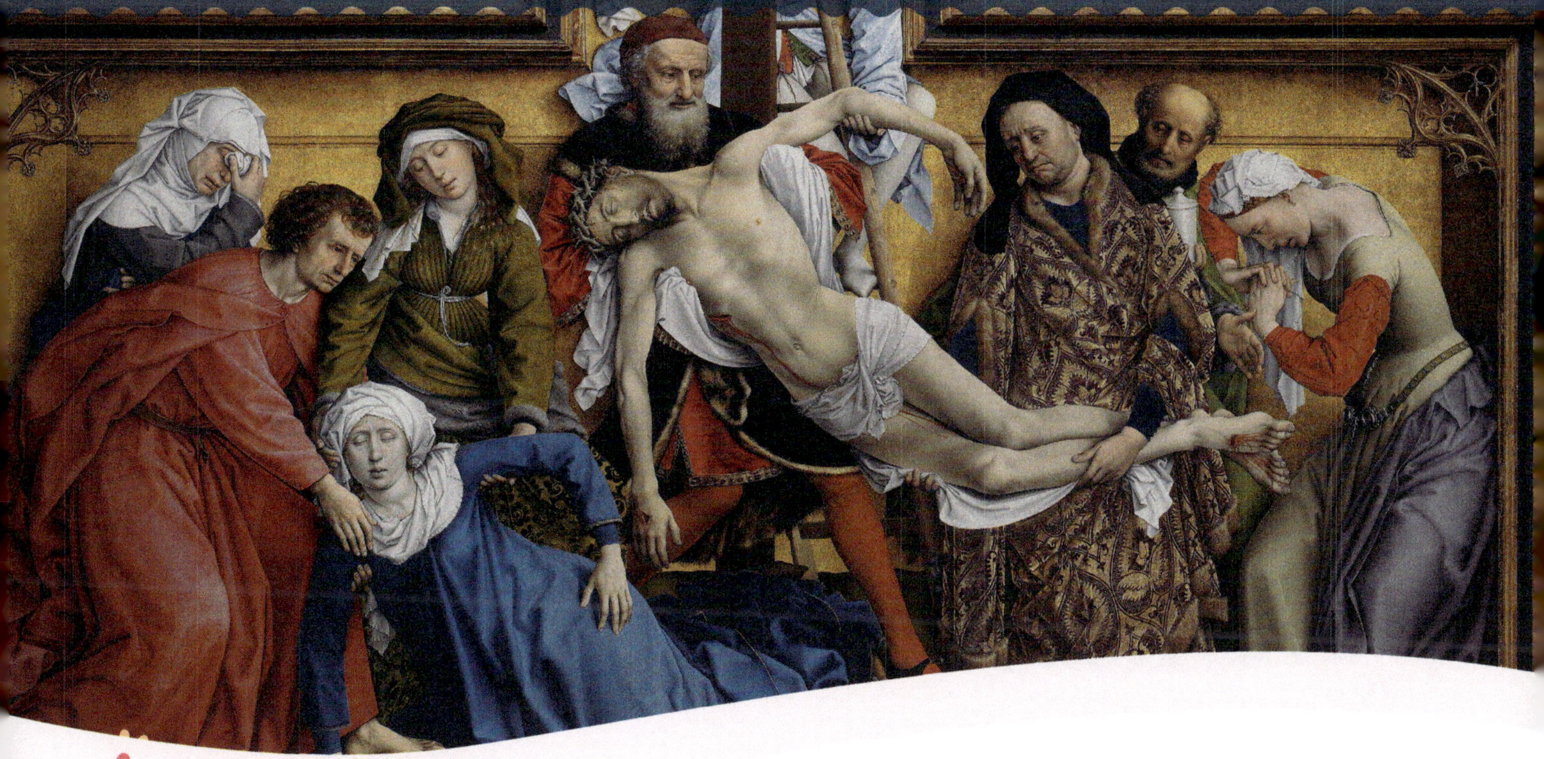

Actividades

Observamos el cuadro del descendimiento de Jesús y dialogamos:

¿Reconoces en el cuadro a cada uno de los que bajaron de la Cruz el cuerpo de Jesús?

¿Por qué crees que trataban el cuerpo de Jesús con tanta delicadeza y cariño?

¿Qué hubieras hecho o dicho tú si hubieras estado allí?

La lanzada

Al bajar a Jesús de la Cruz, se nos partía el alma de dolor al ver la inmensa tristeza de su Madre, la Virgen María. Juan la trataba con inmenso cariño al igual que las otras mujeres, entre ellas María Magdalena.

Nicodemo, que también era miembro del Sanedrín y discípulo de Jesús, había preparado cien libras -unos cincuenta kilos- de aromas y ungüentos para ungir y preparar el sagrado cuerpo de Jesús antes de depositarlo en el sepulcro. Después, cubrimos su cabeza con un sudario y lo envolvimos en una sábana grande y muy limpia que yo había preparado.

Luego, entre Nicodemo, Juan y yo depositamos el cuerpo de Jesús en el sepulcro, el cual cerramos con una gran piedra.

Cuando terminamos, cada uno se fue muy triste a su casa. Juan llevó a la Virgen a la suya, como le había encargado Jesús poco antes de morir.

Actividades

Escribe unas palabras de consuelo a María, la Madre de Jesús:

....

....

....

La Sábana Santa

La Sábana Santa o el Santo Sudario es una reliquia de la Pasión de Jesús que se conserva en la catedral de Turín (Italia) que muestra la imagen de un hombre que presenta marcas y traumas físicos propios de una crucifixión. La Sábana Santa mide 436 × 113 cm y se ha investigado con la tecnología más moderna. Hay evidencias muy serias para pensar que se trata de la misma sábana o sudario que envolvió el Cuerpo de Jesús al ser depositado en el sepulcro.

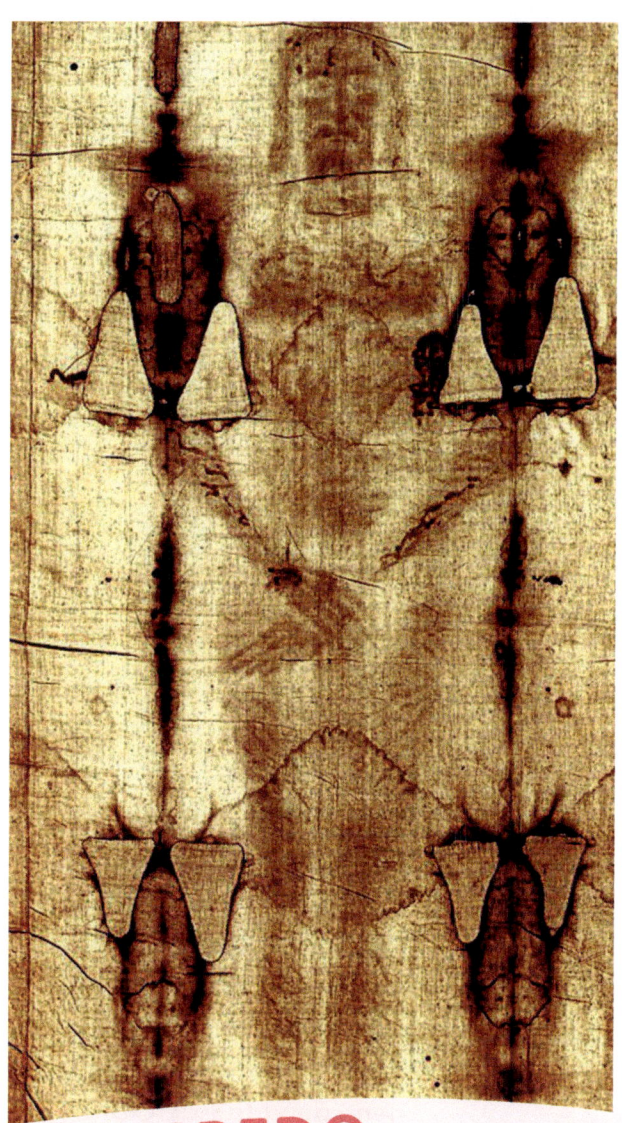

Completa estas palabras del CREDO

"Creo en _____, su único _____, nuestro Señor,

que fue concebido por obra y gracia del _____,

nació de _____, Virgen, padeció bajo el poder

de _____, fue crucificado, _____ y

_____. Descendió a los _____; al tercer día

_____ de entre los _____"

El Credo completo está en la página 89.

Aprendemos los números 25, 35 y 36 del Catecismo "Jesús es el Señor"

¡Celebramos!

¡Alégrate, Reina del Cielo!

Cuando ya había anochecido, la Virgen María iría desde el Calvario a su casa. Allí, recogida en oración, recordaría la promesa de su Hijo de que resucitaría al tercer día después de su muerte. María había sufrido como ninguna criatura ha sufrido en este mundo, pero en su corazón se iba abriendo, paso a paso, una maravillosa esperanza: ¡Su Hijo muy pronto vencería a la muerte y saldría del sepulcro lleno de Vida y de Gloria!

Y la Iglesia entera pronto cantaría esta preciosa oración:

V. Alégrate, Reina del cielo. Aleluya.
R. Porque el que mereciste llevar en tu seno. Aleluya.

V. Ha resucitado, según dijo. Aleluya.
R. Ruega por nosotros a Dios. Aleluya.

V. Gózate y alégrate, Virgen María. Aleluya.

R. Porque verdaderamente ha resucitado el Señor. Aleluya.

V. Oremos: Oh Dios que por la Resurrección de tu Hijo, nuestro Señor Jesucristo, te has dignado dar la alegría al mundo, concédenos por su Madre, la Virgen María, alcanzar el gozo de la vida eterna. Por el mismo Jesucristo Nuestro Señor. Amén.

Catequesis familiar

¿Conoces bien los evangelios?

Leemos: Junto en la cruz al ver a su madre y junto a ella al discípulo al que amaba, dijo a su madre: «Mujer, ahí tienes a tu hijo». Luego, dijo al discípulo: «Ahí tienes a tu madre». Y desde aquella hora, el discípulo la recibió como algo propio. (Juan 19, 25-27).

Dialogamos: ¿Qué quiso Jesús decir a su Madre? ¿Y qué quiso decirle a San Juan?

link

"Jesús es colocado en un sepúlcro"
Canal Youtube Iglesia de Jesucristo*

¿Verdadero o falso?

Jesús resucitó porque para Dios no hay nada imposible.

VERDADERO ⬜ ⬜ FALSO

La Resurrección de Jesús no fue real sino ficción.

VERDADERO ⬜ ⬜ FALSO

La Resurrección de Jesús es la verdad principal de la fe cristiana.

VERDADERO ⬜ ⬜ FALSO

Si vivimos con Cristo, resucitaremos con Él a la vida eterna.

VERDADERO ⬜ ⬜ FALSO

Reflexionamos con Benedicto XVI

"La Resurrección de Jesús inaugura un tipo de vida nuevo: una Vida nueva distinta a la de este mundo, una Vida gloriosa, resucitada e inmortal". ("Jesús de Nazaret", pág. 569).

¿Qué es la "vida nueva" que nos ha ganado Jesús? Explícalo:

....
....
....
....

EL PROYECTO "CATEQUESIS DE ORIENTACIÓN CATECUMENAL": ORIENTACIONES PARA LOS CATEQUISTAS

¿Cuál es su principal objetivo?

En este proyecto de catequesis, por tanto, no se prepara a una persona *para que reciba éste o el otro sacramento* sino *para que descubra, acepte, siga y aprenda a amar a la Persona de Jesucristo.*

Seguir a Jesucristo *"no es un hecho que interesa sólo a nuestra inteligencia, sino que es un cambio que involucra la vida, la totalidad de nosotros mismos: sentimiento, corazón, inteligencia, voluntad, corporeidad, emociones, relaciones humanas. Con la fe en Jesucristo cambia verdaderamente todo en nosotros y para nosotros, y se revela con claridad nuestro destino futuro, la verdad de nuestra vocación en la historia, el sentido de la vida, el gusto de ser peregrinos hacia la Patria celestial"* (Benedicto XVI, Audiencia 17-X-2012).

Unas **palabras del papa Francisco, dirigidas a los Obispos de España,** son muy adecuadas para entender la actualidad de los planteamientos del presente proyecto: *"El momento actual (…) exige poner a vuestras Iglesias en un verdadero estado de misión permanente, para llamar a quienes se han alejado y fortalecer la fe, especialmente en los niños. Para ello no dejéis de prestar una atención particular al proceso de iniciación a la vida cristiana" (…) y al "acompañamiento de las familias (…) Iglesia doméstica donde se fragua y se vive la fe. Una familia evangelizada es un valioso agente de evangelización"* (Discurso del 3-III-2014).

Estructura de cada uno de los encuentros

Cada uno de los encuentros está pensado para impartirlo en dos semanas. Por eso, en un trimestre podrán impartirse cuatro encuentros. Todos los encuentros tienen la siguiente estructura:

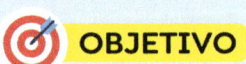
OBJETIVO

1. **El personaje**
2 y 3. **Palabra de Dios**
4. **El signo**
5. **Celebramos**
6. **Catequesis en familia**

La finalidad de cada uno de los *apartados* es la siguiente:

1. *Introducción:* la primera página de cada encuentro tiene como fin introducir el tema de un modo atrayente y ameno centrando la atención en el "personaje" principal del encuentro cuyo relato nos servirá de hilo conductor a lo largo del tema.

2 y 3. *La Palabra de Dios* ocupa dos apartados. Este es un momento muy importante, pues de una lectura atenta, pausada y bien asimilada va a depender la adecuada identificación con el objetivo que se propone en cada encuentro. La imagen que va en esta página está pensada para que sea comentada por el catequista y ayude a los catecúmenos identificarse mejor con el texto bíblico. Es el momento de preguntarnos también aquello que Dios nos quiera sugerir o inspirar con esa lectura.

4. *El signo de fe:* en cada encuentro se dedica esta página a un Signo cristiano que expresa esa verdad de fe o esa virtud cristiana (la cruz, el altar, una imagen de la Virgen, el cirio pascual, etc.). Generalmente se añade alguna frase que debe ser memorizada por el catecúmeno.

5. *Celebramos:* esta página, que suele tener contenido litúrgico, tiene como finalidad "enseñar a orar" por medio de un himno, un canto, un prefacio o una oración en común. Es el momento celebrativo de cada encuentro y aquí será importante la dinámica que aplique el catequista para conseguir una participación activa y piadosa de su grupo de catecúmenos.

6. *Catequesis en familia:* Cada encuentro ofrece en la página final unas *actividades para vivir en familia. Este momento familiar tiene mucho interés* pues se ofrece a los padres la ocasión

de vivir un rato semanal o quincenal para conversar con su hijo/a sobre un pasaje del Evangelio, de ver juntos un vídeo con mensaje cristiano o de realizar conjuntamente (padres e hijo/a) una actividad simpática, por ejemplo, una sopa de letras o escuchar una canción.

En estas catequesis los catecúmenos deben aprender a vivir y a orar en comunidad y a participar activamente en la vida y misión de la Iglesia. El Concilio Vaticano II señala a los pastores la necesidad de «cultivar debidamente el espíritu de comunidad» y a los catecúmenos la de «aprender a cooperar eficazmente en la evangelización y edificación de la Iglesia».

La belleza de las imágenes

Un aspecto que hemos querido cuidar de modo especial ha sido la calidad y belleza de las imágenes, tanto las que ilustran los tres libros como las que se trasmiten por medio de los videos y canciones. En este punto hemos seguido la recomendación del papa Francisco en su Exhortación "La alegría del Evangelio": *"Es bueno que toda catequesis preste una especial atención al «camino de la belleza» (via pulchritudinis). Anunciar a Cristo significa mostrar que creer en Él y seguirlo no es sólo algo verdadero y justo, sino también bello, capaz de colmar la vida de un nuevo resplandor y de un gozo profundo, aun en medio de las pruebas. En esta línea, todas las expresiones de verdadera belleza pueden ser reconocidas como un sendero que ayuda a encontrarse con el Señor Jesús"* (Evangelii Gaudium n. 167).

Implicar a los padres de familia

Si buscamos *formar niños o jóvenes cristianos* hemos de considerar la necesidad de implicar a los padres en el proceso de iniciación cristiana de sus hijos (Cf Directorio General de Catequesis, nn 226 y ss.). Como decía un buen y experto párroco: *"Si los padres no están ahí, los chicos no siguen después"*.

La experiencia demuestra que, informados y motivados de modo conveniente, un número significativo de padres, a veces poco o nada practicantes, suelen aceptar y apoyar para sus hijos un proyecto de catecumenado sistemático, pues en su subconsciente no quieren para sus hijos la indiferencia religiosa presente en gran parte de la juventud actual.

Además, los padres que se implican en este proceso refuerzan su vida cristiana pues *"la fe crece cuando se transmite"* (Benedicto XVI y el papa Francisco en diversos discursos).

Todos los esfuerzos que se hagan para implicar a los padres en la iniciación cristiana de sus hijos están en la buena dirección, hasta el punto de que ese es el objetivo más importante de la catequesis (Cf. Enzo Biemmi, *El segundo anuncio*. Sal Terrae, págs. 65 y ss.).

No hay recetas únicas para implicar a los padres. Sin embargo, las cosas buenas que se van haciendo, aunque parezca que se camina despacio, dan excelentes pistas.

Cómo poner en marcha este proyecto en una parroquia o colegio

Hay muchas maneras de iniciar un Proyecto de Catecumenado Junior en una parroquia, colegio o movimiento. A continuación exponemos los pasos que, según nuestra experiencia, se pueden dar para iniciarlo:

• **El párroco o el capellán** que lo promueve debería formular por escrito el proyecto con bastante detalle. En este punto será muy positiva la colaboración activa de los catequistas. Y, lógicamente, adecuar lo mejor posible el proyecto a aquellos a quienes va dirigido.

• **Seleccionar a los catequistas apropiados.** Este punto es clave, pues serán ellos quienes han de impulsar y orientar este tipo peculiar de catequesis manteniendo una relación de colaboración cercana y amistosa con los niños y con los padres de los chicos que participan en el proyecto.

• **Tener al menos una reunión trimestral con los padres.** En la primera reunión con ellos se les puede exponer las líneas generales del proyecto de orientación catecumenal y la importancia de su colaboración en bien de sus hijos. A la vez, se les puede comentar en qué consistirían las sesiones semanales o quincenales de "catequesis en familia" previstas para realizar en casa, y se les pueden presentar algunos ejemplos de la última página de cada encuentro que es la dedicada a la "catequesis en familia". Se les hará ver que son actividades sencillas que esta participación espontánea y libre de los padres es muy eficaz para la formación cristiana de los hijos.

• La experiencia indica que a lo largo del curso resulta útil tener **algunas sesiones "on line" con los padres** sobre todo para orientarles en la Catequesis Familiar y cuando sea prácticamente imposible reunirlos para una sesión presencial. Asimismo, el uso del Whatsapp y del correo electrónico facilita el envío a los padres de guiones y, en general, la relación de los catequistas con los padres de los niños. Es un medio eficaz para que aquellos se impliquen de un modo más activo en la catequesis de sus hijos.

Los catequistas

Probablemente un buen número de los catequistas que se encarguen de estas catequesis de inspiración catecumenal sean fieles laicos. Pues bien, los propios catecúmenos y catequizandos pueden encontrar en ellos un modelo cristiano cercano en el que proyectar su futuro como creyentes. El Señor Jesús invita así, de una forma especial, a hombres y mujeres, a seguirle precisamente en cuanto maestro y formador de discípulos. Esta llamada personal de Jesucristo, y la relación con El, son el verdadero motor de la acción del catequista. De este conocimiento amoroso de Cristo es de donde brota el deseo de anunciarlo, de evangelizar, y de llevar a otros al "sí" de la fe en Jesucristo".

Elementos propios del Catecumenado: etapas, ritos, escrutinios

Es tradicional en toda catequesis parroquial o escolar programar algunas *celebraciones de la Palabra* (por ejemplo, la entrega de la Biblia, del Catecismo o del Padrenuestro). Estas celebraciones de la Palabra son muy adecuadas para desarrollar en las catequesis de inspiración catecumenal tanto para los niños como para sus familias, pues refuerzan el sentido religioso y el espíritu de comunidad.

En unas catequesis de orientación catecumenal como las que ahora presentamos estas celebraciones adquieren especial importancia. La **Cuaresma** ha de cobrar toda su pujanza para ofrecer una más intensa preparación de los catecúmenos; y la **Vigilia Pascual** es el tiempo más adecuado para administrar los sacramentos de la iniciación.

En el supuesto de niños y niñas en edad escolar que comienzan su iniciación cristiana, las celebraciones se jalonan según prescribe el **Ritual de Iniciación cristiana de adultos, capítulo V.**

Medios audiovisuales y Anexos

Los *contenidos multimedia* que forman parte del proyecto editado "Catequesis de Orientación Catecumenal" (canciones y vídeos) han sido seleccionados por su calidad y dependiendo de las edades de cada Nivel. En cada contenido audiovisual hay un código QR que dirige directamente a la web de nuestra editorial donde se puede ver cada vídeo o canción.

Son vídeos y canciones muy adecuados para los niños de estas edades; tienen también la virtud de ser bastante breves, pues casi nunca superan los 5 minutos, lo cual facilita su uso en la sesión de catequesis parroquial o escolar y en la familia.

En las páginas finales de cada uno de los tres libros de Niños se incluyen tres **anexos**:

• **Oraciones**
• **Misal**
• **¿Cómo hacer una buena Confesión?**

El *anexo Oraciones* recoge las oraciones cristianas más comunes: el Padrenuestro, el Avemaría y el Gloria; las oraciones más conocidas a la Santísima Virgen: la Salve, el Acordaos, el Angelus; el acto de contrición, etc.

El *anexo Misal* tiene como finalidad facilitar al catecúmeno una breve exposición de las partes y ritos de la Misa que pueda serle útil para participar de un modo atento y piadoso en la celebración dominical de la Eucaristía.

El *anexo Cómo hacer una buena Confesión* puede ser especialmente útil en estas edades en las muchos de los niños se acercan por vez primera al **Sacramento de la Reconciliación**.

ORACIONES

La señal de la Santa Cruz

Por la señal de la Santa Cruz,
de nuestros enemigos, líbranos, Señor, Dios nuestro.
En el nombre del Padre, y del Hijo,
y del Espíritu Santo. Amén.

El Padrenuestro

Padre nuestro, que estás en el cielo, santificado sea
tu Nombre; venga a nosotros tu reino; hágase tu
voluntad en la tierra como en el cielo.
Danos hoy nuestro pan de cada día;
perdona nuestras ofensas como también nosotros
perdonamos a los que nos ofenden;
no nos dejes caer en tentación,
y líbranos del mal. Amén.

El Avemaría

Dios te salve, María; llena eres de gracia;
el Señor es contigo; bendita Tú eres entre todas las
mujeres, y bendito es el fruto de tu vientre, Jesús.
Santa María, Madre de Dios,
ruega por nosotros, pecadores,
ahora y en la hora de nuestra muerte. Amén.

Gloria

Gloria al Padre y al Hijo y al Espíritu Santo. Como era
en el principio, ahora y siempre, por los siglos de los
siglos. Amén.

El Credo, símbolo de los Apóstoles

Creo en Dios, Padre Todopoderoso,
Creador del cielo y de la tierra.
Creo en Jesucristo, su único Hijo, nuestro Señor;
que fue concebido por obra y gracia del Espíritu Santo,
nació de Santa María Virgen,
padeció bajo el poder de Poncio Pilato,
fue crucificado, muerto y sepultado;
descendió a los infiernos,
al tercer día resucitó de entre los muertos;
subió a los cielos y está sentado a la derecha de Dios,
Padre Todopoderoso.
Desde allí ha de venir a juzgar a vivos y muertos. Creo
en el Espíritu Santo, la Santa Iglesia Católica,
la comunión de los Santos; el perdón de los pecados;
la resurrección de la carne; y la vida eterna. Amén.

Confesión general

Yo confieso ante Dios Todopoderoso y ante vosotros,
hermanos, que he pecado mucho de pensamiento,
palabra, obra u omisión: por mi culpa, por mi culpa,
por mi gran culpa.
Por eso a Santa María, siempre Virgen, a los ángeles, a
los santos y a vosotros, hermanos, que intercedan por
mí ante Dios, nuestro Señor. Amén.

Acto de contrición general

¡Señor mío, Jesucristo!, Dios y Hombre verdadero,
Creador, Padre y Redentor mío; por ser Vos quien
sois, Bondad infinita, y porque os amo sobre todas las
cosas, me pesa de todo corazón de haberos ofendido;
también me pesa porque podéis castigarme con las
penas del infierno. Ayudado de vuestra divina gracia,
propongo firmemente nunca más pecar, confesarme y
cumplir la penitencia que me fuere impuesta. Amén.

La Salve

*Es una súplica a Santa María Reina, que lo puede todo,
pidiéndole su ayuda y protección.*

Dios te salve,
Reina y Madre de misericordia;
vida, dulzura y esperanza nuestra.
Dios te salve.
A Ti llamamos los desterrados hijos de Eva:
A Ti suspiramos, gimiendo y llorando,
en este valle de lágrimas.
Ea, pues, Señora, abogada nuestra,
vuelve a nosotros esos tus ojos misericordiosos;
y después de este destierro
muéstranos a Jesús, fruto bendito de tu vientre.
¡Oh clemente, oh piadosa,
oh dulce siempre Virgen María!
Ruega por nosotros, Santa Madre de Dios, para que
seamos dignos de alcanzar las promesas y gracias
de Nuestro Señor Jesucristo. Amén.

Bendita sea tu pureza

*Con esta oración alabas la pureza de la Virgen y le pides su
ayuda para ser limpio en pensamientos, palabras y obras.*

Bendita sea tu pureza y eternamente lo sea;
pues todo un Dios se recrea en tan graciosa belleza.
A Ti, celestial Princesa. ¡Oh, Virgen sagrada María!
Yo te ofrezco en este día
alma, vida y corazón;
mírame con compasión;
no me dejes, Madre mía,
ahora y en la última agonía, de mi muerte. Amén

Acordaos

Es una oración en la que demostramos nuestra confianza a la Virgen, nuestra Madre, y que podemos rezar por nosotros y por cualquier persona que se encuentre en una necesidad.

Acuérdate, oh piadosísima Virgen María,
que jamás se ha oído decir que ninguno de los que han acudido a tu protección,
implorando tu asistencia y reclamando tu auxilio,
haya sido abandonado de Ti.
Animado con esta confianza, a Ti también acudo,
¡oh Virgen de las vírgenes!; y gimiendo bajo el peso de mis pecados, me atrevo a comparecer ante tu presencia soberana.
¡Oh Madre de Dios!, no desprecies mis súplicas; antes bien, escúchalas y acógelas benignamente. Amén.

¡Oh, Señora mía!

Esta oración te puede servir de ofrecimiento personal a la Virgen. Si quieres puedes decírsela cada día al levantarte.

¡Oh, Señora mía! ¡Oh, Madre mía!
Yo me ofrezco del todo a Ti,
y en prueba de mi filial afecto,
te consagro en este día
mis ojos, mis oídos, mi lengua, mi corazón;
en una palabra, todo mi ser.
Ya que soy todo tuyo,
Madre de bondad, guárdame y defiéndeme como cosa y posesión tuya. Amén.

A las doce, una cita con la Virgen

Es una antigua costumbre cristiana saludar todos los días a la Virgen, rezando a las doce el Angelus.

En esta oración le recordamos a la Virgen María el momento más grande de su vida: cuando el Arcángel San Gabriel le anunció que iba a ser la Madre de Dios.

El Ángel del Señor anunció a María.
Y concibió por obra del Espíritu Santo. *Avemaría.*
He aquí la esclava del Señor.
Hágase en mí según tu Palabra. *Avemaría.*
El Hijo de Dios se hizo hombre.
Y habitó entre nosotros. *Avemaría.*
Ruega por nosotros, Santa Madre de Dios.
Para que seamos dignos de alcanzar las promesas de Nuestro Señor Jesucristo. Amén.

Oración:
Derrama, Señor, tu gracia en nuestras almas para que quienes hemos conocido, por el anuncio del Ángel, la Encarnación de tu Hijo Jesucristo, por su Pasión y Cruz seamos llevados a la gloria de la Resurrección.
Por Jesucristo, Nuestro Señor. Amén.

Reina del cielo

En tiempo de Pascua de Resurrección (desde el Domingo de Resurrección hasta el Domingo de la Santísima Trinidad). Es costumbre rezarle a la Virgen el "Reina del Cielo", en lugar del Ángelus, para unirnos a su alegría y a la de toda la Iglesia.

Reina del cielo, alégrate. ¡Aleluya!
Porque el Señor a quien has merecido. ¡Aleluya!
Ha resucitado, según su palabra. ¡Aleluya!
Ruega a Dios por nosotros. ¡Aleluya!
Gózate y alégrate, Virgen María. ¡Aleluya!
Porque verdaderamente ha resucitado el Señor. ¡Aleluya!

Oración:
Oh Dios, que por la Resurrección de tu Hijo, Nuestro Señor Jesucristo, has llenado el mundo de alegría, te pedimos que por medio de tu Madre la Virgen María, alcancemos el gozo de la vida eterna. Por Jesucristo, Nuestro Señor. Amén.

Oración al Ángel de la guarda

Ángel de mi guarda, dulce compañía,
no me desampares ni de noche ni de día,
hasta que me guardes en paz y alegría,
con todos los santos, Jesús, José y María.

Los Mandamientos de la Ley de Dios

Los Mandamientos de la Ley de Dios son diez:

➕ El primero, amar a Dios sobre todas las cosas.

➕ El segundo, no tomar el nombre de Dios en vano.

➕ El tercero, santificar las fiestas.

➕ El cuarto, honrar padre y madre.

➕ El quinto, no matar.

➕ El sexto, no cometer actos impuros.

➕ El séptimo, no robar.

➕ El octavo, no decir falso testimonio ni mentir.

➕ El noveno, no consentir pensamientos ni deseos impuros.

➕ El décimo, no codiciar los bienes ajenos.

Estos diez mandamientos se resumen en dos: Amar a Dios sobre todas las cosas, y al prójimo como a ti mismo.

Los Mandamientos de la Iglesia

Los mandamientos más generales de la Santa Madre Iglesia son cinco:

➕ El primero, oír Misa entera todos los domingos y fiestas de guardar.

➕ El segundo, confesar los pecados mortales al menos una vez al año y en peligro de muerte y si se ha de comulgar.

➕ El tercero, comulgar por Pascua de Resurrección.

➕ El cuarto, ayunar y abstenerse de comer carne cuando lo manda la Santa Madre Iglesia.

➕ El quinto, ayudar a la Iglesia en sus necesidades.

El Mandamiento de Jesús

Dice Jesús:
"Un mandamiento nuevo les doy: que se amen unos a otros como Yo les he amado. En esto conocerán todos que son mis discípulos: si se tienen amor unos a otros"
(Jn 13, 34-35).

Las Bienaventuranzas

➕ Bienaventurados los pobres de espíritu, porque de ellos es el Reino de los Cielos.

➕ Bienaventurados los mansos, porque ellos poseerán la Tierra.

➕ Bienaventurados los que lloran, porque ellos serán consolados.

➕ Bienaventurados los que tienen hambre y sed de justicia, porque ellos serán hartos.

➕ Bienaventurados los misericordiosos, porque ellos alcanzarán misericordia.

➕ Bienaventurados los limpios de corazón, porque ellos verán a Dios.

➕ Bienaventurados los pacíficos, porque ellos serán llamados hijos de Dios.

➕ Bienaventurados los que padecen persecución a causa de la justicia, porque de ellos es el Reino de los Cielos.

✚ Rito inicial

En señal de respeto, recibimos al sacerdote de pie. Se canta o se recita el canto de entrada mientras el Celebrante se acerca primero al altar, lo besa y después se dirige a la sede.

Sacerdote: En el nombre del Padre y del Hijo y del Espíritu Santo.
Todos: Amén.

El sacerdote nos saluda.

S. La gracia de nuestro Señor Jesucristo, el amor del Padre y la comunión del Espíritu Santo estén con todos vosotros.
T. Y con tu espíritu.

✚ Acto penitencial

Breve pausa en silencio para recordar nuestros pecados y pedir perdón al Señor.

S. Hermanos, antes de celebrar los sagrados misterios, reconozcamos nuestros pecados.
T. Yo confieso, ante Dios todopoderoso yante vosotros, hermanos, que he pecado mucho de pensamiento, palabra, obra y omisión. Por mi culpa, por mi culpa, por mi gran culpa. Por eso ruego a santa María, siempre Virgen, a los ángeles, a los santos y a vosotros hermanos, que intercedáis por mí ante Dios, nuestro Señor.

S. Dios todopoderoso tenga misericordia de nosotros, perdone nuestros pecados y nos lleva a la Vida eterna.
T. Amén.

✚ Acto penitencial

S. Señor, ten piedad.
T. Señor, ten piedad.

S. Cristo, ten piedad.
T. Cristo, ten piedad.

S. Señor, ten piedad.
T. Señor, ten piedad.

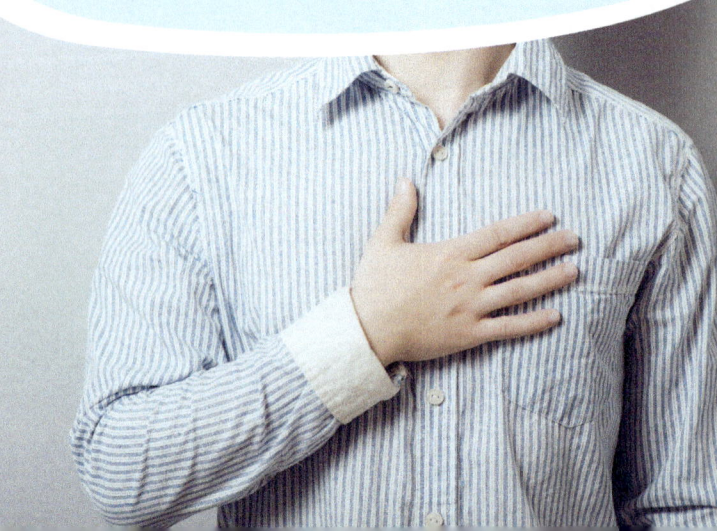

✚ Gloria

El Gloria es un canto de alabanza a Dios Padre, a Dios Hijo y a Dios Espíritu Santo.

T: Gloria a Dios en el Cielo, y en la tierra
paz a los hombres que ama el Señor.
Por tu inmensa gloria te alabamos,
te bendecimos, te adoramos,
te glorificamos, te damos gracias,
Señor Dios, Rey celestial,
Dios Padre todopoderoso.
Señor, Hijo único, Jesucristo.
Señor Dios, Cordero de Dios,
Hijo del Padre:
Tú que quitas el pecado del mundo,
ten piedad de nosotros;
Tú que quitas el pecado del mundo,
atiende nuestra súplica;
Tú que estás sentado a la derecha
del Padre, ten piedad de nosotros;
porque sólo Tú eres Santo, sólo Tú Señor,
sólo Tú Altísimo, Jesucristo,
con el Espíritu Santo
en la gloria de Dios Padre.
Amén.

✚ Liturgia de la palabra

En esta parte de la Misa escuchamos la Palabra de Dios escrita en la Biblia para recibirla en el corazón.

Primera lectura

La primera lectura es un fragmento del Antiguo Testamento; la segunda lectura suele ser un texto de las Cartas de los Apóstoles.

El lector termina diciendo: Palabra de Dios.

T. Te alabarnos, Señor.

Segunda lectura

Es un pasaje de las cartas que los apóstoles escribieron a los primeros cristianos y, por lo tanto, también a nosotros.

El lector termina diciendo: Palabra de Dios.

T. Te alabarnos, Señor.

✚ Evangelio

*Nos ponemos de pie para cantar el Aleluya
y nos disponemos a escuchar el Evangelio.
Durante la lectura ponemos mucha atención,
imaginamos la escena que estamos escuchando,
como si estuvieras allí, cerca de Jesús.*

S. El Señor esté con vosotros.
T. Y con tu espíritu.

S. Lectura del santo Evangelio según...
T. Gloria a ti, Señor.

Después de la lectura del Evangelio.

S. Palabra del Señor.
T. Gloria a ti, Señor Jesús.

✚ Homilía

*Después el sacerdote pronuncia la Homilía. Nos
sentamos para escuchar al sacerdote que nos
va a ayudar a entender las lecturas y nos va a
animar a poner en práctica la Palabra de Dios.*

✚ Profesión de fe

T. Creo en Dios, Padre todopoderoso,
Creador del cielo y de la tierra.
Creo en Jesucristo, su único Hijo, nuestro
Señor, que fue concebido por obra y gracia
del Espíritu Santo, nació de santa María
Virgen, padeció bajo el poder de Poncio
Pilato, fue crucificado, muerto y sepultado,
descendió a los infiernos, al tercer día
resucitó de entre los muertos, subió a los
cielos y está sentado a la derecha de Dios,
Padre todopoderoso.
Desde allí ha de venir a juzgar a vivos y
muertos. Creo en el Espíritu Santo, la santa
Iglesia católica, la comunión de los santos,
el perdón de los pecados, la resurrección
de la carne y la vida eterna. Amén.

✚ Oración de los fieles

*En ella, unidos al sacerdote, pedimos por
la Santa Iglesia y el Romano Pontífice,
e imploramos a Dios que derrame sus
bendiciones sobre todos los hombres, en
especial sobre quienes más lo necesitan.*

A cada invocación respondemos:

T. Te rogamos, óyenos.

✛ Presentación de las ofrendas

El sacerdote ofrece el pan y el vino que se convertirán en el Cuerpo y Sangre de Cristo. Pon tu vida en la patena y ofrécela a Dios como un regalo que Él santifica. "Jesús, te ofrezco toda mi vida"

S. Bendito seas, Señor, Dios del universo, por este pan... él será para nosotros pan de vida.
T. Bendito seas por siempre, Señor.

S. Bendito seas, Señor, Dios del universo, por este vino... él será para nosotros bebida de salvación.
T. Bendito seas por siempre, Señor.
Invitación a la oración.

El sacerdote pide a Dios que acepte nuestros dones.

S. Orad, hermanos, para que este sacrificio, mío y vuestro, sea agradable a Dios, Padre todopoderoso.
T. El Señor reciba de tus manos este sacrificio, para alabanza y gloria de su nombre, para nuestro bien y el de toda su santa Iglesia.

✛ Invitación a la oración

El sacerdote pide a Dios que acepte nuestros dones.

S. Orad hermanos, para que este sacrificio, mío y vuestro, sea agradable a Dios, Padre todopoderoso.
T. *El Señor reciba de tus manos este sacrificio. Para alabanza y gloria de su nombre, para nuestro bien, y el de toda su santa Iglesia.*

✛ Plegaria eucarística

Comienza la parte más importante de la Misa.

S. El Señor esté con vosotros.
T. Y con tu espíritu.

S. Levantemos el corazón.
T. Lo tenemos levantado hacia el Señor.

S. Demos gracias al Señor, nuestro Dios.
T. Es justo y necesario.

S. Por ese amor tan grande queremos darte gracias y cantarte con los ángeles y los santos que te adoran en el cielo:
T. Santo, Santo, Santo es el Señor, Dios del Universo. Llenos están el cielo y la tierra de tu gloria. Hosanna en el cielo. Bendito el que viene en nombre del Señor. Hosanna en el cielo.

✚ Consagración

El sacerdote extiende las manos sobre el pan y el vino, traza sobre ellos la Señal de la Cruz y pide la acción del Espíritu Santo. El sacerdote recuerda los gestos de Jesús en la Última Cena: "Tomó pan, y dando gracias, lo partió y lo dio a sus discípulos [...]"

S. Tomad y comed todos de él, porque esto es mi Cuerpo que será entregado por vosotros.

Y lo alza para que lo adoremos.
Después hace lo mismo con el cáliz:

S. Tomad y bebed todos de él, porque este es el cáliz de mi Sangre [...] que será derramada por vosotros y por muchos para el perdón de los pecados. Haced esto en conmemoración mía.

S. Este es el Sacramento de nuestra fe.
T. Anunciamos tu muerte proclamamos tu resurrección. ¡Ven Señor Jesús!

S. Por Cristo, con Él y en Él...
T. Amén.

Nos preparamos a la comunión rezando el Padre Nuestro. Recuerda que esta oración nos la enseñó Jesús. Rézala con toda devoción y pensando en las peticiones que tiene para ti.

S. Fieles a la recomendación del Salvador y siguiendo su divina enseñanza nos atrevemos a decir:

T. Padre nuestro, que estás en el cielo, santificado sea tu nombre, venga a nosotros tu reino, hágase tu voluntad en la tierra como en el cielo. Danos hoy nuestro pan de cada día; perdona nuestras ofensas, como también nosotros perdonamos a los que nos ofender; no nos dejes caer en la tentación y líbranos del mal.

S. ...mientras esperamos la gloriosa venida de nuestros salvador Jesucristo.

T. Tuyo es el reino, tuyo el poder y la gloria, por siempre, Señor.

✚ Rito de la paz

S. La paz del Señor esté siempre con vosotros.
T. Y con tu espíritu.
S. Daos fraternalmente la paz.

Todos se dan la paz. En este saludo manifestamos que somos hermanos porque somos hijos de Dios y nos comprometemos a tratar a los demás con cariño, amabilidad, respeto, a no pelear y a trabajar porque reine la paz entre los hombres.

✚ Fracción del pan

T. Cordero de Dios, que quitas el
pecado del mundo,
ten piedad de nosotros.
Cordero de Dios, que quitas el
pecado del mundo,
ten piedad de nosotros.
Cordero de Dios, que quitas el
pecado del mundo, danos la paz.

✚ Comunión

S. Este es el Cordero de Dios que quita los pecados del mundo. Dichosos los invitados a la cena del Señor.

T. Señor, no soy digno de que entres en mi casa, pero una palabra tuya bastará para sanarme.

Ahora con mucho cariño y respeto te acercas a recibir a Jesús. Mientras esperas a recibirlo, piensa en el enorme amor que Jesús te tiene, que quiso quedarse para estar siempre con nosotros, que se convirtió en Pan de Vida para que pudiéramos unirnos a Él.

✚ Rito de conclusión

El sacerdote nos bendice en nombre de Dios.

S. El Señor esté con vosotros.
T. Y con tu espíritu.

S.: La bendición de Dios todopoderoso, Padre, Hijo y Espíritu Santo, descienda sobre vosotros.
T. Amén.

S. Podéis ir en paz.
T. Demos gracias a Dios.

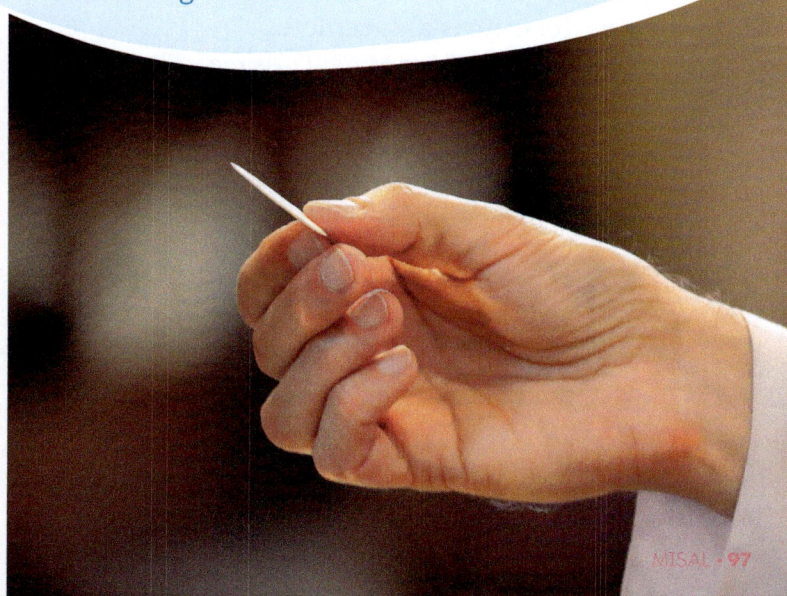

¿CÓMO HACER UNA BUENA CONFESIÓN?

✚ ¿Qué es el sacramento de la Penitencia?

El Sacramento de la Penitencia (también llamado de la Confesión o Sacramento del perdón) es un "encuentro con Jesús". Él mismo nos perdona los pecados, y lo hace por medio del sacerdote.

En este Sacramento Jesús nos perdonan los pecados cometidos después del Bautismo. El pecado es toda desobediencia a la Ley de Dios (tanto de los Diez Mandamientos de la Ley de Dios como del Mandamiento del Amor que nos ha dado Jesús).

Los pecados pueden ser graves (o pecado mortal) o leves (pecado venial). Los pecados veniales desagradan a Dios y a los demás pero el alma no se aparta totalmente de Dios (sentir pereza, una mentira sin mucha importancia, tener envidia de otra persona, etc.). Pecado mortal es el que nos aparta totalmente de Dios y nos impide recibir a Jesús en la Comunión sin previa Confesión del mismo.

✚ ¿Cómo confesarse bien?

Para confesarse bien hacen falta seis cosas:
1. Examen de conciencia.
2. Dolor de los pecados.
3. Propósito de la enmienda.
4. Decir los pecados al confesor (a Jesús).
5. Recibir la absolución.
6. Cumplir la Penitencia.

Oración para antes de la Confesión:
Jesús: me duele mucho haber sido malo. Te pido perdón porque te he ofendido. Ayúdame a reconocer mis pecados y a confesarlos al sacerdote, sin ocultar ninguno. Y dame tu gracia para ser mejor en adelante. Amén.

Conviene aprender la oración "Yo confieso"; y el Acto de contrición llamado "Señor mío, Jesucristo".

Oración para el dolor de los pecados:
Señor, dame un corazón humilde y sincero para reconocer mis pecados y para pedirte perdón por todos ellos. Amén.
Puedes rezar la oración "Señor mío, Jesucristo".

✚ Modo de confesarte:

- Te acercas al sacerdote.
- Le dices: *"Ave María Purísima"*. Él te contestará: *"Sin pecado concebida"*.
- Di cuándo fue tu última confesión (o si es la primera).
- Cuéntale tus pecados. Y avísale cuando hayas terminado.
- El sacerdote te escucha y te dará algunos consejos. Te pondrá una pequeña penitencia y por ultimo te dará la absolución: *"Yo te absuelvo de*

tus pecados, en el nombre del Padre, y del Hijo, y del Espíritu Santo".
- Y respondes: *Amén*.

Oración para después de la Confesión:
Jesús, te he ofendido a ti y a mis padres, hermanos, compañeros y profesores. Gracias, Jesús, porque me has perdonado. Ayúdame a luchar para ser mejor en adelante y agradarte así más a Ti y a mis padres. Amén.

Y no te olvides de CUMPLIR LA PENITENCIA.

✚ Examen de conciencia para hacer una buena confesion

Oración previa:

Jesús, quiero que me ayudes a conocer bien todos mis pecados. Te pido que ilumines mi alma y me des plena sinceridad para reconocer todo aquello en lo que te he ofendido. Amén.

Examen de conciencia:

Amarás a Dios sobre todas las cosas...
- ¿Creo todo lo que Dios ha revelado y nos enseña la Iglesia Católica? ¿Niego o he negado algunas verdades de la fe católica?
- ¿He recibido al Señor en la Sagrada Comunión teniendo algún pecado grave en mi conciencia? ¿He callado en la confesión por vergüenza algún pecado mortal?
- ¿He blasfemado? ¿He jurado sin necesidad o sin verdad?
- ¿He faltado a Misa los domingos o días festivos sin tener un impedimento serio? ¿He cumplido los días de ayuno y abstinencia?

... Y al prójimo como a ti mismo.
- ¿Respeto la vida humana?
- ¿Deseo el bien a los demás, o albergo rencores y realizo juicios injustos sobre los demás? ¿He sido violento verbal o físicamente? ¿He dado mal ejemplo a las personas que me rodean?
- ¿Cuido mi salud? ¿He tomado alcohol en exceso? ¿He tomado drogas? ¿He arriesgado mi vida injustificadamente?
- ¿He mirado vídeos, páginas pornográficas, espectáculos obscenos? ¿He sido causa de que otros pecasen por mi conversación, mi modo de vestir o prestando algún vídeo o revista porno?
- ¿Vivo la castidad? ¿He cometido actos impuros conmigo mismo o con otras personas? ¿He consentido pensamientos, deseos o sensaciones impuras?

- ¿He tomado dinero o cosas que no son mías? ¿En su caso, he restituido o reparado?
- ¿Procuro cumplir con mis deberes de estudiante?
- ¿He ayudado a personas pobres o necesitadas o las he desatendido? ¿Practico el desprendimiento de los bienes materiales? ¿Doy limosna? ¿Cumplo con mis deberes de ciudadano?
- ¿He dicho mentiras? ¿He reparado el daño que haya podido causar? ¿He descubierto, sin causa justa, defectos graves de otras personas? ¿He hablado o pensado mal de otros? ¿He calumniado a otros o he murmurado?

Catequesis de Orientación Catecumenal

NIÑOS

PALABRA